菊与刀

[美] 鲁思·本尼迪克特 著
陈云超 译

台海出版社

图书在版编目（CIP）数据

菊与刀：全译本 /（美）本尼迪克特著；陈云超译.
-- 北京：台海出版社.2018.5
ISBN 978-7-5168-1813-8

Ⅰ.①菊… Ⅱ.①本…②陈… Ⅲ.①民族文化 - 研究 - 日本
Ⅳ.① K313.03

中国版本图书馆 CIP 数据核字（2018）第 066303 号

菊与刀：全译本

著 者：（美）本尼迪克特　　译 者：陈云超
责任编辑：武波　　装帧设计：彭振威
版式设计：彭振威　　责任印制：蔡旭

出版发行：台海出版社
地 址：北京市东城区景山东街 20 号　邮政编码：100009
电 话：010-88504978（发行，邮购）
传 真：010-84045799（总编室）
网址：www.taimeng.org.cn/thcbs/default.htm
E-mail：thcbs@126.com

经 销：全国各地新华书店
印 刷：北京中振源印务有限公司
本书如有破损、缺页、装订错误，请与本社联系调换

开 本：880 毫米 ×1230 毫米 1/32
字 数：178 千　　印 张：7.75
版 次：2019 年 1 月第 1 版　　印 次：2019 年 1 月第 1 次印刷
书 号：ISBN 978-7-5168-1813-8

定 价：36.00 元

目 录

CONTENTS

第一章 任务——研究日本

日本人的行为举止，是美国倾尽全力战斗过的对手中最令人费解的。正因为他们在思想意识和行动方式上都与美国人存在极大的差异，以至于我们不得不认真对他们进行思考，而在与其他国家交战时，我们不会面临这样的问题。美国现在正面临着一个接受过严格训练、装备精良，并且在文化上与西方大异其趣的国家，就像是 1905 年的俄国一样。

西方国家所共同认可的符合人性的那些战争惯例，在日本人的头脑中显然不存在。在这样的情况下，我们必须了解日本人的行为方式才能与之抗衡，仅仅依靠海岛登陆和保证后勤供应无法取得太平洋战争的胜利。

日本打开紧闭的国门已有 75 年，在这期间，人们谈及日本人时，总会使用许多诸如“但是”这类令人迷惑的词语，这在对其他任何国家进行描述时都是前所未有的。据此，我们推测研究将面临巨大的困难。

只有在描述日本民族时，一位严肃审慎的评论家才会既说他们极其彬彬有礼，却又补充说“他们蛮横傲慢”。当他说这个民族性格温和时，又说他们对上级的控制并不那么容易接受。当他论述他们的军队纪律严明时，还附加说明士兵漠视命令。当说他们高雅宽厚时，又说他们粗暴记仇。当谈及他们顽固保守时，又说“他们能够很快适应激进的变革”。说他们热衷于学习西方文化，却又声明他们奉行保守主义。说他们勇敢无畏时，又说他们胆小怯懦、意志动摇。说他们不顾旁人的看法，又说他们对是非对错都有明确的判断。

他不会在一本书中描述这个民族如何醉心于美，高度评价艺术家和演员，极其重视菊花的栽培艺术，同时又在另一本书里写这个民族对刀剑和武力的崇拜以及对武士的高度赞誉。

我们可以用菊与刀来象征日本文化中存在的种种矛盾。日本人既温和谦恭又生性好斗；既醉心于优美又崇尚武力；既彬彬有礼又粗鲁狂暴；既高雅又粗鄙；既有勇气又胆小畏惧。他们既顺从又不易操控；他们的士兵训练有素，同时保有着反抗精神；既保守又对新事物充满热情；既善于变革又顽固古板。他们非常重视他人对自己的评价，但当自己的过错还不为人知时，他们便背负极大的负罪感。所有这些真实存在的矛盾，奠定了日本民族研究的根基。

我们必须想办法解释上述种种矛盾，以及其他令人困惑的问题，因为研究日本人已经成为摆在美国面前的严峻挑战，一系列疑问正等待着我们的回答：日本人下一步将会有怎样的行动？我们是否应该轰炸日本皇宫？日本战犯又该如何对待？又该如何对付始终不肯屈服的日本人？如果不出兵攻打，日本有没有投降的可能？对于日本军队和普通民众，我们该采取什么样的说辞才能挽救美国人的生命？在战争结束之前，是否需要像法国革命、俄国革命那样在日本进行一场大变革？谁应成为领导者？是否有必要彻底消灭日本？我们对这些问题的回答肯定各不相同。战争结束后，需要对日本进行军事管制来保证秩序吗？对于那些隐藏在山林里负隅顽抗的日本人，我们需要和他们交锋吗？

1944 年 6 月，上级要求我展开研究日本的工作，我接受了这项任务，开始试图揭开日本人真实的一面，而我研究的工具就是文化人类学的一切知识和策略。这年夏初，美国开始了大规模的对日进攻，在大多数美国人眼中，这场战争会进行 3 年或 10 年，以至更长的时间。在日本，民众则认为它可能持续 100 年。他们认为，美国只能取得局部胜利，因为新几内亚和所罗门群岛离日本本土很远。日本官方媒体始终不承认海军失败，日本民众坚信他们是胜利的一方。

但战争形势在6月之后发生了极大的改变。此前最高司令部一直把欧洲战场的军事置于优先地位，而此时盟军在欧洲开辟了第二战场，对德战争即将取得胜利，这种策略已不必延续。

在太平洋战场，则发生了标志着日本彻底战败的事件，这就是我军从塞班岛登陆的重要军事行动。此后，我国的军队不断与日军进行正面交锋。新几内亚、瓜达尔卡纳尔、缅甸、阿图、塔拉瓦、比亚克的一系列战争已经使我们意识到我们的对手有多么可怕。

因而到了1944年6月，我们已经认识到，无论是出于军事上还是外交上的考虑，无论是为了作出重大的决策，还是为了在日本前线分发宣传手册，充分和深入地了解我们的对手，深入透彻地解答关于日本的种种问题，显得至关重要。

在这场倾尽全力对付日本的战争中，我们要尽力探究明白日本政府对其国民寄予的期望，而不仅是了解日本漫长的历史，经济军事上的某些统计数据，以及东京领导者们在军事上想要得到些什么。我们应该尽力理解日本人的思维习惯和情感特征，以及它们所形成的行为方式，并进一步弄清是什么约束着这些行动和想法。我们必须抛开自己的美国人身份去研究。面对某种情况时，我们不能草率地对自己的行动和日本人的行动下结论。

在美国和日本仍在交战的背景下，我可以很容易地就把一切责任都推给敌人，但真正了解敌人的人生观可就难上加难了。尽管我深知这项研究的难度，但还是决定尽力完成任务。

问题不在于“我们在相同的境况下会如何行动”，而是日本人将会怎么做。我们必须从文化的角度来解读他们领导战争的方式，而不是仅仅把它当作一个军事问题。我们必须把日本人在战争中的种种行为表现当作有效的研究资料，也就是“正值”来分析和利用，而不是把它们看作不利条件。

日本人在战争中的行为举动与和平时期一样都带着浓厚的日本色彩。我们必须仔细考虑战争中的细节，才能层层揭开日本人的真实面目。比如，哪些生活方式和思维方式与他们对战争的态度有关？他们的领导人如何减轻民众的恐惧疑虑，如何鼓舞军队的士气，以及如何进行力量的部署，等等。这一切都揭示出他们心中的战争优势条件，那么这些条件是什么？

两国正处于交战状态，因此我无法去日本，住在日本，观察人们的日常生活，亲自看一看哪些是关键的东西，哪些是次要的。年轻的一代是如何慢慢成长起来的？他们是如何经历了复杂的过程之后作出某个决定的？这些我都无法看到。也就是说，两国交战迫使我无法通过文化人类学研究的核心方法，即田野调查来获得第一手资料。这导致我的研究带有极大弊病。

我认为有一部关于日本乡村的学术论著很有参考价值，它是由人类学家约翰·恩布里所写的《须惠村》。可惜的是，这本书没有为我们解释我们在 1944 年遇到的诸多问题。

虽然有很多困难，但我仍然相信人类学家能够运用一些技术和假设展开工作。至少人类学家可以和调查对象面对面接触，而这正是人类学家最基本的方法。有很多在日本成长起来的日本人，来到美国生活。我可以去和他们接触，询问他们的亲身经历，了解他们的生活方式和对事物的看法。他们的故事可以弥补我知识上的诸多空缺。作为一名人类学家，我相信这些空缺的知识对我们理解任何一种文化都极其重要。

其他社会学家在研究日本时，往往利用文献资料，以分析历史事件和统计数据，并跟踪日本书面和口头政治宣传品的演化情况。但我深信，他们所寻求的许多答案都包含在日本文化的诸多规则和价值观中，并且可以通过研究那些真正在其中生活过的人来获得满意的答案。这并不代表我没有利用相关文献资料，或者我不借鉴那些曾在日本生活过的西方社会学家的研究。实际上，我从大量研究日本的文献和众多曾在日本实地考察的学者中获益良多。这是我的优势，这一优势是那些去亚马逊河源头或新几内亚岛高地研究无文字部落的社会学家所不具备的。由于没有书面语言，这样的部落没有通过文献展露自己。西方人关于这些部落的论述又寥寥无几，没有多少价值。没有人知道他们过去的历史，实地调查者必须亲自发掘他们的生活方式，他们的社会层级如何划分，他们的宗教生活中最重要的是什么。

我的研究建立在前人的基础上。例如，古文研究者的论文中包含着许多生活上细枝末节的描写，来自西方的人们记录了他们在日本的种种经历，日本人自己也写下了许多十分精彩的自我记录。这些文献资料为我提供了很大帮助。

与其他许多东方民族不同，日本人有着很强的写作冲动。他们既写生活琐事，也写他们向全世界扩张的计划。日本人如此坦率实在让人惊讶。当然，他们并没有展示全貌——没有人真会那样做。一个日本人在写关于日本的事情时，总会略去一些重要信息。因为这些信息对他们来说太过平常，简直就像空气一样容易让人视而不见。美国人写美国的时候也同样如此。但不管怎么说，日本人确实热衷于自我表露。

我在阅读这些文献时，遇到一些难以理解的内容，这些内容特别吸引我的注意。这和达尔文创建物种起源时遇到的情况类似。为了理解日本议会发言中相互矛盾且共存的观点，我们需要做什么？他们为什么会对某些在我们看来无关紧要的议案激烈争吵，却能容忍一些我们所不齿的行径？我一边阅读这些文献，一边思考：这些内容到底是哪里出了问题？我们应怎样去理解它？

我看过一些由日本人导演或编剧的电影，比如宣传片、历史片、东京都市生活片、农村题材片。当我与那些同样看过这些影片的日本人讨论时，他们的一些看法令我困惑不解。他们看待片中男女主角、正反派角色的角度与我迥然不同。我觉得难以理解的情节，他们却觉得稀松平常。他们对情节演变、人物动机的理解方式也跟我不一样，他们是从电影的构思手法来理解电影的。此外，如果以小说为例，我与日本人对小说理解的差异甚至比对影片的还要大。他们当中，有些处处为日本的习俗辩护，而有一些则憎恶日本的一切。对于两个极端的团体，很难说我从哪个收获更多。但无论如何，不管来自哪个团体，他们所描述的日本日常生活的图景都是一致的。

如果一个人类学家只是追求与研究对象直接接触并收集相关资料，我们就别指望他能做出更多有价值的研究。因为许多在日本生活过的观察家都做过类似的工作。然而，受过严格训练的人类学家拥有某些特质，让他能在一个拥有众多学者和观察家的领域中做出自己独特的贡献。

我们的人类学家对亚洲和太平洋岛屿的许多文化已经有所了解。在日本，有许多社会制度和生活习惯竟然与太平洋群岛中的一些原始部落相似。例如，在马来西亚、新几内亚岛和波利尼西亚的原始部落中都发现了这些相似之处。研究这些文化在古代是否有迁徙和接触是一项非常有趣的工作。但是，它们可能存在的历史关系并非我想利用文化相似性的原因。因此，我没有必要去探究它们的历史关系。我的目的是从这些更简单的文化中，了解它们的风俗和习惯是如何运作的，并从其中的相似性或差异性窥见日本生活的线索。

此外，我对泰国、缅甸和中国的情况也有所了解，它们都是亚洲文化遗产的重要组成部分。我可以把日本同这些国家进行比较。人类学家的研究一再证明，这种文化比较非常有效。一个民族的风俗习惯中，可能有大部分与其邻居是相同的，因为在文化交流中，它会吸收邻居的风俗习惯。但在吸收过程，它们也会对其中一些风俗进行改造，以适应自己的生活方式和价值观。在改造吸收中，它可能已经摒弃了一些基本的习俗，尽管这些习俗所占的比重很小，也足以将这个部落引向一个独特的发展方向。对于人类学家来说，没有什么比研究两个相似性很大的民族之间的不同之处更为有益了。

作为人类学家，必须设法适应自己文化与其他文化的巨大差异，并不断磨练文化比较学的研究技巧。经验告诉我们，在相同的境遇下，拥有不同文化背景的人可能做出迥然不同的判断和决定。在一些北极村落或热带沙漠中，人类学家见过基于血缘责任或物物交换的部落习俗。要不是亲眼所见，任凭想象力再怎么天马行空我们也绝对构思不出那些习俗。因此，人类学家必须深入调查，才能了解这些习俗对整个部落的行为造成何种影响，以及了解他们每一代人是如何从童年时期就受到这些习俗的影响，并将其代代相传的。

人类学家关于文化差异性的研究技巧和专业知识可以运用到对日本的研究中。很显然，美国文化和日本文化建立在不同的根基之上，最终表现出巨大的文化差异。美国有句俗话能很好地概括这种差异："不管做什么，日本人都与我们相反。"作为一个研究者，如果只是承认这种差异，并武断地下结论："差异实在太离谱，我们没法了解那些人。"这未免太过轻率。根据人类学家的丰富经验，我们已经知道，不管行为多么怪异，仍然有办法去解释它。与其他社会学家不同，人类学家有更专业的办法去解释人类行为的差异。人类学家往往将这种差异当作研究对象而不是研究障碍。

某些习俗之所以能引起人们的特别关注，正是因为它对我们来说既陌生又奇特。但人类学家不会将自己民族的习俗视为理所当然，因此也不会将其他民族的不同习俗视为怪异，当他研究一个民族时，不会只故意挑选某些事实作为论据，而是以所有事实为依据。在讨论西方民族时，那些没有文化比较学知识的人往往以俯瞰的视角，去观察他们的研究对象。他们从自己的知识背景出发，默认一切都是理所当然，从而忽略了研究对象在日常生活中的琐碎习惯。但是，如果放在不同民族的背景下进行比较，这些琐碎习惯恰恰隐含着重要的文化信息。就像将影像投射到银幕上，图像就会放大。研究这些琐碎习惯所包含的信息意义重大，它甚至比外交官签署的条约更能预示一个民族的未来。

如果要研究某个部落，人类学家必须建立一套研究其日常生活的理论体系。因为他们将面对与自己国家完全不同的日常生活。当他尝试了解某个部落的极端恶意或另一个部落的极端胆怯时，当他试图勾画出他们在特定情况下的行为和感受时，他发现自己只能依靠那些容易被文明社会忽视的日常细节。因此，人类学家有理由相信，这些细节对我们正确解释研究对象的行为必不可少。人类学家有办法挖掘这些细节，并利用它们。我们此次对日本的研究将重视这一方法。“无论在原始社会还是在高度文明的社会，想了解人类的行为，必须从日常生活出发。”这是人类学家的基本共识，但普通人只有高度关注一个民族的日常生活，才会理解这句话的意义。不管一个人的行为多么难以理解，他的认知与思考的方法都和个人经历密切相关。研究日本人时，遇到的行为越怪异，我就越相信是日常环境造就了他的习惯。如果我能把与接触对象的交流引向日常细节，我就能获得更多的答案。

文化人类学家在做研究前都会做一些假设，我也一样。我的假设是：即使最孤立的行为间也存在系统的联系。我认真将数百种细节融入总体模式中。人类为了生存，就会自觉地进行自我设计。为了应对某些情形，人们发展出一套判断体系。久而久之，人们误以为自己的判断体系在全世界都通用。当一个人已经习惯了一套价值体系，他将很难理解另外一套价值体系中的行为。如果勉强去适应另外一套价值体系，就会给他原有的秩序造成混乱。为了寻求一致，他必须找到某种共同的思维逻辑和行为动机，以使系统趋于和谐统一，否则他的原有系统将会崩溃。由于这个缘故，人们的经济行为、家庭安排、宗教仪式和政治目标相互交织在一起。当一个环节的变化比其他环节更快时，为了保持系统的和谐统一，其他环节将受到巨大的压力。

在致力于追求权力的无文字社会中，人们控制权力的意志体现在经济行为和宗教活动中，同时也体现在与其他部落的交往中。在有古老文字记录历史的文明社会，他们的宗教必然会记录以往数个世纪的教条，那些没有文字的部落则无法完成这样的记录。不过，随着社会的发展，宗教的权威日渐式微，而公众日渐支持的经济和政治权力逐渐占据主要地位。于是，宗教教条虽然被记录在书本中，但它们的原本意义却被经济和政治权力篡改了。

宗教教条、经济活动和政治势力间的界限并非泾渭分明，有时它们会相互交织、混合。这是社会运行的不变规律。从经济活动到性别差异，再到宗教教条，以及抚养幼儿的方式，人类学家调查的范围越宽广，他就越能更好地理解他所研究的社会。为了展开研究，他首先应提出一些假设，并从生活中的每一个领域收集数据，验证自己的假设。

任何民族都会有一些共同的诉求，可能是经济、政治或道德方面的，不管是哪一方面，这些诉求所体现的都是其民族积累的生活方式与价值取向。本书研究的核心不是日本的经济、政治、宗教或道德，而是日本人用什么信念支撑生活。不管日本人在做什么，只要体现了这种信念，本书都会加以讨论。因此，本书研究的是使日本民族区别于其他民族的根本特质。

在 20 世纪，人类面临的困难之一是，我们的一些观念仍然是模糊和充满偏见的。例如，日本民族、美国民族、法国民族、俄国民族它们的根本特质是什么。搞不清楚这些概念，各民族之间难免会误解对方。有时，两者的区别分明只在毫厘之间，我们却害怕势同水火。而有时候，当某个民族的全部价值体系和行为方式与我们背道而驰时，我们却徒劳地与之寻求共识。

我们通常不会自觉地去理解其他民族的价值体系。如果我们真的深入了解，就会发现他们的很多做法可能并非源自恶意，而是出于某种我们难以理解的原因。要了解某个民族的行为习惯，我们不可能完全依靠该民族的自我记录和解说。作家都会尝试描述他自己的民族，但很难有人做到尽善尽美。人们只有通过不同的视角去观察生活，才能窥其全貌，但人们往往忽视这一点，却把一己之见当作事物的真相。由于视角和关注点的不同，人们眼中的生活蒙上了一层民族性的色彩。在该民族看来，他们的生活都是冥冥之中由神明安排好的。

戴眼镜的人通常不知道自己眼睛的确切度数，他只知道一个大概数字。类似地，我们不能完全指望一个民族能确切了解自己的世界观体系。当需要知道眼睛确切度数的时候，我们只需要咨询验光师即可，并由他给我们配一副合适的眼镜。同样的道理，我们应当清楚，研究并解释各个民族的世界观体系是社会学家的职责。

这项工作需要公正无私的态度和宽广的包容之心。公正无私意味着不讲私情，这有时候会遭受非议，一些善良的人会抱怨他们不近人情。那些鼓吹全人类都志同道合的人常常充满信心，想要说服全人类：不管东方西方、黑人白人、基督徒或伊斯兰教徒，他们间的区别只存在于表面，实际上整个人类的思维都是一致的。这种思想有时被称为“人类的兄弟情谊”。但让我感到困惑的是，当选择相信各民族间都存在“人类的兄弟情谊”时，为什么不能同时接受日本人有日本人的生活方式，美国人有美国人的生活方式？

有时候，那些善良的人不能把善意的原则运用在与自己观念不同的世界中。只有当他认可整个人类都非常相似，不同民族就像从同一张底片冲洗出来的照片一样时，他们才能释放善意。将这种相似性当作尊重对方的前提，这是神经质的表现，如同一个男人要求其妻子和儿女必须和他保持一致一样不可理喻。

但是，公正无私的人就会承认不同民族之间的差异性。并且，他们尊重这种差异。他们追求的是建立一个求同存异的和平世界，美国在不威胁世界和平的情况下依然保持地道的美国民族特质，同时法国依旧是法国，日本依旧是日本。这些公正无私的人并不认为民族间的差异是悬在人类头顶的达摩克利斯之剑，随时会给人类带来灾难。相反，他们认为不让各民族自由发展，而采用武力迫使民族间缩小这种差异才是可怕的恶行。允许文化差异并不代表人类发展会停步不前。英国并没有因为伊丽莎白时代、安妮皇后时代和维多利亚时代的交替而失去其民族特质。因为英国人的特质并不随着时代的变化而消失，虽然不同的时代会有不同的行为标准和民族气质，但这并不改变他们作为英国人的本质。

想要系统地研究民族差异，必须具备公正无私的态度和宽广的包容之心。比较宗教的研究之所以能兴盛起来，正是因为研究者具备这两种素质。比较宗教研究者可能是一个基督徒、阿拉伯智者或无神论者，但绝不会是一个狂热分子。同理，比较文化学之所以不断发展，也得益于同样的原因。反之，如果人们固执地认为自己的生活习惯才是唯一合理的方式时，他们将永远不会真正理解其他文化。他们永远体会不到，当尝试了解其他民族的文化时，无形中会加深对自己文化的理解，也会增进对自己民族文化的热爱。他们放弃了愉快和丰富的体验机会。如此自我防卫，使他们别无选择，只能要求其他民族去实行他们的行为模式。就像美国人，他们要求其他国家按照美国的原则行事。但不是所有国家都能按照美国人的行为方式生活。例如，美国普通人就无法使用十二进制代替十进制进行计算，或者无法像东非的某些部落人一样采用金鸡独立的方式睡觉。

本书讨论日本人意料中的理所当然的习惯，研究日本人在不同的情况下如何采取行动。例如，什么时候应该以礼相待，什么时候不用；什么情况会感到羞愧或尴尬。本书中理想和权威的陈述者应当来自普罗大众，具有普遍代表性。这并不要求他一定曾身处那些特定的环境。但要求他如果遭遇同样的情况，他也会采取一样的行动。

本书研究的目标是阐述思想和行为中根深蒂固的态度。也许这一目标难以达成，但这仍是我们尽力追求的。在这一研究中，我们意识到，在某些情况下即使找来大量额外的证人，他们的证词也不会有效增加可信度。例如，谁何时应向谁鞠躬，这并不需要对全日本做调查统计就能获得答案。这些公认的日常习俗是任何日本人都可以作证的。我们只需要从一部分人那里获得这些信息就足够。

试图揭示日本人生活方式背后的观念，这一任务十分艰巨。我们迫切需要解释这些观念何以成为日本人看待世界的原则。同时，我们也必须设法让拥有不同世界观的美国人理解这些习俗和观念。在这一研究任务中，判定是非的权威法官并不是调查对象中的某个“田中先生”。因为“田中先生”无法清楚地阐述他的观点，而且要求他把自己的观点准确无误地表达给美国人听，未免强人所难。

美国的社会学家通常不会去深究文明文化得以建立的前提。大多数研究假设这些前提是不言而喻的。社会学家和心理学家往往专注于研究意见和行为的统计分布。他们用统计分析的方法处理统计资料、大量的问卷答案、采访回答、心理测试等，并试图找到某些独立因素之间的相关性。他们已经运用自如的技术是，在全国范围内科学地选取人口样本进行调查。这一方法可以发现有多少人支持、有多少人反对某个候选人担任公职或某项政策，并可以将支持者和反对者划分为农村或城市居民，他们是低收入或高收入，是共和党人或民主党人。在一个实行普选，但法律实际上是由国民代表起草和颁布的国家，这一方法具有重要的意义。

美国人可以对美国人进行抽样调查，并明白调查结果所显示的信息。我们之所以能这么做，是因为我们早已对自己的日常生活了然于心。但我们常常忽略了这一前提，以为我们的技术无所不能。实际上，抽样调查的方式不过是使我们对已知事物的了解有所增加而已。在试图了解另一个国家时，为了让抽样调查的方法发挥最大的效果，我们首先需要对研究对象的习俗和观念进行系统的定性研究。

通过仔细的抽样和统计，可以发现有多少人赞成或反对政府。但是，如果我们不知道他们对政府看法的真实含义，这样的结果对我们有什么意义呢？只有弄清楚这些意见的真实含义，我们才能了解各个派系在街头巷尾或在餐桌上争论的是什么。一个国家的民众和政客对自己的政府也许有不同的看法，相比政客的看法，民众的看法更值得我们研究，因为这些看法代表了更广大的人群和一个国家更长久的趋势。

在美国，无论哪个党派都承认政府是人民的反派角色，因为其限制了人民的自由，但他们同时也一致同意政府是一种不可或缺的角色。同等级别时，美国政府中的职位甚至不如某个私人企业中的职位。当然，战争时期的情况可能相反。这与日本的情况差异很大，甚至与欧洲国家也有所差异。显然，美国政府、日本政府、欧洲国家政府在它们各自人民心中的地位是不一样的。为了讨论这个问题，我们首先应明确人民心中国家地位的概念。人民的观点体现在它们的日常习惯中，也体现在对成功人士的评价、对国家历史的看法、对大众的演讲中。对这些表现，我们也进行了系统的研究。

在研究一个民族的基本生活观念时，应当十分谨慎和用心，这样的态度是所有严肃研究工作的前提。就像我们在选举中统计赞成票和反对票的多少时一样不容疏忽。日本是一个值得研究的国家。西方人常常认为日本人存在很多相互矛盾的观念。但是，如果我们弄清了西方人与日本人的生活观念的差异，并且对日本人区分是非的标准和方法有所了解，我们对日本人的看法就会改变。

在研究中，我逐渐明白，日本人是如何将某些相互矛盾的行为统一在一个相互联系的整体中，并成为整体不可分割的一部分。

对此，我试图找到合理的解释。当我和他们一起工作时，他们起初使用一些奇怪的短语和想法。这些观点和想法后来被证明对我的研究很有意义，因为它们体现了日本民族代代相传的观念。它们与西方世界通常的善恶观念差异巨大。

日本的整个日常习俗和观念体系很独特，既不完全属于佛教，也不完全属于儒家，而是日本特有的民族特质。这既是日本民族力量的来源也是其弱点所在。

第二章

战争中的日本人

一个民族的文化传统中往往包含着它们的战争观，不同文化传统中人们拥有不同的战争观。由于西方国家的文化背景相似，因此他们尽管存在差异，但在战争观上有诸多相似之处。因此对于一些问题，如他们如何动员人民参与战争，在对待战俘的问题上遵循哪些基本的准则，在局部战争遭遇失败时如何鼓舞士气，战死者与投降者的比率有怎样的规律，等等，我们完全可以作出合理的推测。

想弄清日本人的人生观，以及他们对人所应承担责任的看法，我们可以研究日本人与西方人在战争惯例上的全部差异。在对日本文化和日本人的行事方式进行系统的研究时，我们必须重视他们的每一种行为，因为这些行为中的任何一项都有可能反映日本人性格的某些方面，而这正是我们探讨的重点。至于那些与我们全然不同的军事行为是否重要，则不必过多考虑。

在美国看来，轴心国的侵略引发了战争。世界和平因德国、意大利、日本的非法侵略行为而遭到了严重破坏。轴心国推行罪恶的欺压弱小民族方针，这从他们占领中国东北、波兰、埃塞俄比亚等地的行为中都能得到证明。他们违背了对自由企业“门户开放”的原则，甚至可以说是践踏了“世界各民族和谐共存”的国际准则。

日本人对国际局势的判断与美国截然不同，他们站在完全相反的立场上为战争正义性作辩护，认为正是各国所拥有的绝对主权导致了国际社会的无政府状态，因此日本必须努力战斗，建立一种等级秩序。而且，由于日本是唯一真正实行自上而下严格等级制的国家，同时又能充分认识到“各安其位”的重要性，因此它应该成为这一等级秩序当之无愧的领导者。

日本认为，各国都应该在国际等级秩序中确立自己的地位，从而形成一个统一固定的等级体系。如今，日本国内的叛乱被平定，和平统一成功实现，电力、钢铁、公路等基础产业也迅速建立和发展起来。官方数据表明，99.5%的日本青少年都能享受公共教育。这时，首先要做的是把美国、英国、俄罗斯都驱逐出“大东亚”，然后对落后的兄弟之邦——中国施以援手，将他们变成同等级的种族，而欧美势力作为外来者，应该回到属于自己的位置上。这些想法，都源于日本人等级秩序的观点，日本对自己的这种等级秩序的认同度极高，我们将在下一章对其在日本文化中的意义、价值作详细的探讨。

可惜，那些被日本占领的国家却不像日本那样考虑问题。虽说如此，但即使最不好战的日本战俘，对日本的大陆和西南太平洋的构想也极少持谴责态度。战败的日本不会在道义上放弃“大东亚”的理想。对等级制的崇拜和依赖是日本固有观念的核心，而这些根深蒂固的观念今后也必将在日本长期延续。我们必须了解等级制对于日本人的意义以及它的优越性，无论它对于崇尚忠诚的美国人来说，是多么不可思议。

日本宣称必胜，扬言精神必将战胜物质。在他们眼中，保证胜利的基础与美国的普遍见解大相径庭。尽管他们承认美国是个拥有强大军事力量的大国，但这无须放在心上，因为他们早就料到了，况且物质根本不足挂齿。“我们如果害怕数字就不会选择开战，敌人的丰富资源并不来自于这场战争。”这句话登在日本发行量很大的《每日新闻》上。很多日本人都会读到它。

这种信念早在珍珠港之前就已深入人心。20世纪30年代，狂热的军国主义分子，前陆军大臣荒木大将在《告日本国民书》的宣传册中写道：“既然上天赋予了日本弘扬皇道的使命，那么敌我力量悬殊哪里值得忧虑？敌人物质上的强大又有什么可怕？”日本的政治家、大本营和普通的军人常常会在取得战争连胜时一再声明:“这是日本人崇尚精神与美国人依赖物质之间的较量，而不仅仅是军事力量的对抗。”它就像是鼓舞人心的进军号角，同时也适用于战败。在战场上受挫后，日本人会反复重申“物质力量注定失败”。无疑，他们把这种口号视为日本在塞班岛和硫磺岛战败时最理想的托词。

日本的军备投入占国民收入的比重，在整个20世纪30年代飞速增长。这让日本像其他备战的国家一样心存忧虑。事实上，日本并非对物质装备漠不关心，我们可以用两个数据来说明这一点：在偷袭珍珠港那一年，将近一半的国民收入都被用于制办陆、海军装备，政府总支出中，仅有17%用于民用行政支出。日本人与西方国家的真正不同在于，枪炮军舰在日本人眼中只是内在精神的外在表现，就好像武士的道德品质借由武士刀来表现。

日本人认为，尽管物质是必要的，但相对于至高和永恒的精神来说，它们是次要和短暂的。“真理是：永恒不变的物质并不存在，物质资源总是有限。”人们在日本广播电台里常常听到这样的狂言。虽然日本与美国一样，对经济发展十分重视，但我们不应忽视，这种发展运动在日本是以其独特的思想为基础。他们向来注重物质以外的资源，不像美国那样注重追求物质上的强大富足。

在战争行动上，日本人也承袭了这种对精神的依赖。“用我们精锐的部队来抵御敌军数量上的优势，用我们的血肉之躯来对抗敌人的坚船利炮。”这句话就写在日本的战争手册中，它并非为此次战争特别提出，而是在历史上形成的传统。他们的战争手册第一页上就有“必读必胜”四个黑体大字。实际战争中并不缺乏这种“精神战胜物质”的事例，比如日本有一个所谓的“神风特工队”，他们的飞行员不惜自我毁灭也要撞击我们的军舰。所谓的

“神风”有这样一个典故：13 世纪时，成吉思汗下令东征，他的船队在途中遭遇飓风，全军覆没。日本因这次的飓风而得救，故称之为“神风”。

日本当局甚至在民间也同样推行“精神战胜物质”这一信条，并且按字面意思来解释这句话。他们会说：“精神是至高无上的，身体越是疲惫不堪，精神就越是昂扬向上。”所以，即使面对 12 小时不停的工作和持续整夜的轰炸，只要有强大的精神力量，人就能够支撑下去。

如果国民不得不在冬天到来时忍受刺骨的寒冷，那么无线电广播中会传来大日本体育会的呼吁，要求人们做体操来抵御严寒，并且声称，做了这种体操，就不再需要被褥或者取暖设备，考虑到粮食匮乏，这种体操还能代替食物为人们提供必要的能量以维持体力。

美国人一定会对这种“为了增强体力，我们需要消耗额外体力”的说法感到惊讶，因为我们计算体力的依据是饮食、睡眠、保暖等情况，但日本人认为那是物质主义，贮存体力完全不在他们的考虑范围之内。他们的解释是：“也许有人认为在食物缺少的时候根本谈不上体操运动。但这种想法是错误的。既然缺少食物，寻求其他方法来补充体力就越发重要。”

日本广播在战争中的言论更加极端，甚至宣称，尽管死亡是一种生理上的现实，但战斗中的人们，用精神便可战胜它。有家广播电台就曾播送过一个如神话般的事迹，据说一名飞行员用精神战胜了死亡：

日本的飞机在一次空战后返回机场，三四架飞机为一个小编队。最先回来的一批当中有一个大尉。他向司令官汇报完情况之后突然倒地。在场的军官急忙上前救助，却发现他的胸部被子弹射伤，早已经没了气息，身体像冰块一样冷，可是刚断气的人身体是不会这么凉的，因此人们判断大尉早已死去多时，然而倒地之前，他还进行了一系列的活动：有人看见他返回后跳出机舱，站在地上。虽然脸色苍白，但镇定异常。他用望远镜注视着他的队员返回并清点飞机数量。待最后一架飞机返回后，他又立即写了报告送到司令部，并向司令官汇报了情况。如果他早已死亡，这一切又该作何解释呢？日本人的观点是：正是因为有强大的精神力量作为支撑，他才能坚持完成任务并作了汇报，正是因为有强烈的责任感，他才能创造出这样不可思议的奇迹。

美国人听了这个故事一定会觉得它荒诞无稽，但受过教育的日本人却不会认为这则广播有什么可笑之处。他们相信奇迹的存在，认为精神是可以修炼的。“镇定的精神可以永恒”的道理在日本无人不知。他们坚信，人的精神经过修炼能够达到至高的境界。这个大尉必定经历过严格的自我训练并具有极强的责任感，既然如此，精神力量在这样一个人身上停留一段时间也不是什么稀奇的事。因此，日本的听众会说这则广播切实地讲述了大尉创造奇迹的事实，而绝不会把它当作是无稽之谈，这一点是毫无疑问的。

我们当然可以从美国人的观点出发，把日本人这一系列极端的行为都当作是落后民族的托词或受骗者的天真幻想加以轻视，但是，这样的想法，只会令我们在面对日本人时无法游刃有余，无论是在战争还是和平时代。

通过一定的特殊的训练，包括禁忌、排斥，日本人让一些信条深入人心并且难以变更。为什么在战败后说“要想取胜，不能只依靠精神”“妄图用竹枪坚守阵地是不可能的”究竟是什么意思？倘若我们能了解那些固有的信条，就可以回答这些问题了。更重要的是，我们能够借此作出合理的估计，即日本人战败后说他们对待战争完全是“依据主观感觉行事的”，并且认识到“仅有精神力量是不足以取胜的”，这些都是在战场上或工厂里与美国人的精神进行对抗之后得出的结论。

除了以上谈到的等级制、精神至高无上的说法之外，战争中的日本人对一切事物的说法都可作为比较文化研究者的研究依据。他们把安全、士气，都看作是精神上事先准备的问题。一旦发生什么灾难，日本政府总会对国民说不必忧虑，因为情况仍在预料之中。不管是菲律宾失守，塞班岛失败，还是民间遭到袭击时都是如此。录音机仍然继续着夸张的论调：“我们早已估计到敌人会发动海、陆、空三军向我们发起进攻。”“美国占领了基什加岛。尽管目前日本处于美国可轰炸的范围内，但这完全不是什么出乎意料的事，我们也作好了充分的准备。”这些说法，显然是为了让日本人相信，形势并没有失去控制。因为“他们早已作好了准备”，就连日本的战俘以及那些希望日本早日停止这场不可能取胜的战争的人也认为，轰炸不能使人们完全丧失斗志。

在美军开始对日本城市实施轰炸时，电台广播播送了飞机制造协会副会长的讲话：“敌机终于飞到了我们的上空，但国民们丝毫不必为之忧虑，因为飞机制造者早已预估到此事，并作好了万无一失的准备。”“所有的事情都不是被动遭受或别人强加的，而是出自于我们主动的请求。”这对于日本来说是一种不可或缺的说法，而这种说法的前提就是：一切都在计划之中。

在国会演讲中，19 世纪 70 年代卓越的武士西乡隆盛的遗言也曾被海军大臣引用：“机遇分为偶然碰上的和自己创造的两种，当有无限的困难摆在面前时，就必须自己创造机遇。”日本人会说“敌人啊，你要进攻那就来吧”，会说“这件事我们期待已久了，它终于来临，我们非常欢迎”，但不会说“要发生的事情终于发生了”。比如说，美国军队进驻马尼拉之时，广播报道说，山下（奉文）将军“微微一笑，说自敌军在仁牙因湾登陆，一切就尽在掌握之中，山下将军早就预料到马尼拉将会迅速陷落，而且作了充分的战略部署，目前，山下将军的作战计划正在一步步推进”。也就是说，失败越惨痛，就意味着事情进展越顺畅。

相比之下，美国人走的极端与日本人恰好相反。美国人认为世界充满各种挑战，他们努力让生活处于随时可以接受挑战的状态。而对日本人来说，意料之外的事情对他们来说是最可怕的威胁，因为“万事皆有安排”是他们的观念赖以建立的基础。因此，我们的逻辑是：我们遭到了攻击，被迫加入战争，所以必须全力以赴，让敌人知道我们的厉害。发言人在谈到巴丹半岛溃败、珍珠港事件时会说：“这是敌人的任意妄为，我们必须要展示出自己的力量来威慑他们。”如此方能使大众的情绪平复下来。日本人所说的“一切都是我们已经预料到的”绝不可能在美国官员的口中出现。

在日本文化中，有一个根深蒂固的特性，即日本人极为重视自己在世人心中留下的印象。因此日本人作战时必须将日本精神发扬光大，因为他们认为全世界都在关注着他们。这一点经常被用于作战宣传，也体现了日本人的生活方式。当美军在瓜达尔卡纳岛登陆时，日本海军告诫他们的士兵，在遭到鱼雷攻击，接到弃舰的命令时，他们必须以最英勇的姿态转移到救生艇上，因为“全世界的眼睛都在注视着我们，我们必须要让他们看到，什么是真正的男子汉气概”。如果他们有任何不光彩的行为，就会被美国人拍成电影在纽约放映，全世界的人都会耻笑他们。而在日本人的态度中，对待天皇陛下的态度最为引人关注。我们尤其对天皇在日本的统治力量问题感到困惑。

美国的一些权威人士认为，在日本，大名[1]，即领主是每个人直接尽忠的对象，此外还需效忠军事上的首领，即将军。至于是否效忠天皇，并不是什么重要的问题。因此可以说，天皇虽然在长达700多年的封建时代中始终存在，但不过是个傀儡元首。他被幽禁在与世隔绝的宫廷当中，按照规章制度严格进行宫廷的仪式和各项活动，而这些制度是由将军来制定的。一个封建诸侯就算有很高的地位也不能不对天皇表示效忠，否则就会被视为叛逆之举。至于对普通的国民，天皇几乎不存在。

一些美国学者坚信：要想了解日本，就必须追溯历史。既然天皇早已在人们的记忆中模糊，又为什么能够重新受到尊敬和推崇，并成为日本这样保守民族的精神中心进而凝聚力量呢？日本评论家反复强调的天皇对臣民的统治权万世不变的说法过于夸张，他们越是坚持，难道不越是说明他们缺乏有力的证据吗？

受这种观点的影响，我们对日本新近制造出的这个邪恶的“元首”概念极为排斥，认为应该施以最严厉的打击，而不是对天皇以礼相待。而且，我们还试图通过对现代日本国家神道的核心——天皇的神圣性提出挑战进而予以毁灭，以此来破坏日本的整个价值体系。

但是真正了解日本的美国人，必会反对上述看法。这些人或者读到过来自前线的报道，或者读到过日本官方的文件，又或者在日本生活过一段时间。这些人很有才华，他们能够清醒地认识

1　大名：德川幕府时代封地（“知行地”）万石以上的高级武士，亦即各藩藩主，或称“诸侯”。——译者注

到：日本人无法容忍任何对天皇的侮辱或攻击。他们必定会为此怒发冲冠、士气高涨。在日本人眼中，攻击天皇与反对军国主义完全是两回事。

“民主”的呼声在第一次世界大战以后广泛传播，东京的军人要小心翼翼地换上便装才敢上街，可见人们对军国主义厌恶到何种地步，但这并不影响人们对天皇的狂热崇拜。有些在日本住过的人还将这种崇拜与纳粹对希特勒的崇拜作了区分。他们认为，后者与法西斯的一切罪行紧密相连，透过它我们可以判断纳粹的兴衰，而日本人对天皇的崇拜则完全不同。

这一点，我们可以从日本俘虏的证词中找到依据。日本军队一向奉行不投降政策，直到战争结束前的几个月，仍有特定的军团或地方部队在实行这一政策。受到这种政策的影响，日本并没有像西方那样对士兵进行某种专门的训练：告诉他们被俘后，哪些可以说，哪些不可以说。所以战俘们的回答都是杂乱无章的。绝大多数士兵都是因受伤、失去知觉后无力抵抗而被俘，并非因士气低落而投降，有的话也只是极少数。这也就意味着，他们不会因投降而失去代表性，他们的言辞仍然能够体现日本军人的普遍意见，那么我们在研究中就需要充分重视这些战俘们的证词。

在这个问题上，我们可以把日本与德国作个对比。德国的战俘对德国的将军们或最高司令部也存在不满，认为他们背叛了希特勒，但不管这种不满如何强烈，他们仍然认为是希特勒挑起了战争，他应该承担战争和备战的责任。日本战俘的态度则完全不同。顽强抵抗到底的日本军人把天皇作为极端军国主义的根源，而另一方面，反对战争和日本侵略扩张政策的人却认为爱好和平的理想来自于天皇。前者说：“既然天皇陛下发动了神圣的战争并领导我们浴血奋战，我们必须责无旁贷，听命于陛下。”在他们眼里，英勇奋战是在“为天皇而献身”，一切都是“遵照天皇的命令”，都是为了“让陛下放心”。后者则坚定地相信天皇“有着一颗仁爱之心”，“热爱和平，反对战争”，认为陛下“反对军部在满洲事件上的处理”，“从未认同过发动战争，绝不会允许臣民参战”，并认为他是“受到了东条英机的蒙骗”等。由此我们可以得出结论：日本战俘显然认为，军国主义及其侵略战争与忠于皇室互不相关。

但同时，天皇与“日本”在他们眼里又是不可分离的。日本人根本不能想象，没有天皇的日本是什么样子，在他们看来，日本没有了天皇就不能称之为日本。“日本天皇是普遍的信仰对象，这种信仰是超越宗教的，他作为宗教生活之核心，象征的是日本国民。”即使日本战败，人们也不会归咎于天皇，他们说，“战败与天皇无关，该负责的是内阁和军部领导人”；“日本人对天皇的崇拜与战争的胜败无关，它将一直延续下去”；“天皇应该为战争负责任？民众绝不会这么认为”。

这种观点，即认为无论在何种情况下都不能责备天皇的观点，无疑在整个战争期间的日本舆论中占有绝对的统治地位，但这在深具怀疑和批判精神的美国人眼中，无异于欺骗。在研究中，我们发现没有一个人愿意诋毁天皇，这也包括那些为我军向日方宣传反战的盟军的合作者们，以至于审讯战俘的军官在拥有了丰富的经验之后，都认为不必特意在笔录上写“拒绝诽谤天皇”。

在大量的战俘供词中，对天皇表现出反对态度的仅有 3 人。其中一人说，他认为天皇可能会让位于太子，如果日本的君主制不复存在，那么日本女性也许有机会像美国妇女一样，获得她们一直渴望的那种自由。另一个人说，“天皇有名无实，缺乏坚强的意志力”，只有第三个人言辞最为激烈，他说“保留天皇就是一个错误”。

日军将领们每到天长节总要带领军队向东方三拜，高呼万岁，还把分发给士兵的香烟冠以“天皇赏赐”的名目，这些行为实际上都是利用了举国上下对天皇的崇敬。军国主义分子号召所有士兵“为天皇分忧”“为天皇献身”“实现天皇的圣愿”“蒙受陛下的仁慈恩德，必回报以崇敬之心”，把人们对天皇的忠诚利用到了难以想象的极端程度。就算炮火不分昼夜地轰击着部队，将领们仍然要求士兵早晚共同吟诵天皇在《军人敕令》中亲自颁布的“圣谕”，让朗诵的声音在森林中回荡。

同时，我们从战俘的言辞中也发现了另一种看法，他们认为，“只要天皇颁布诏书，日本明天就会弃械停战，就连最勇猛好战的满洲关东军也不例外”；“只要有天皇的命令，日本人就会立即停止战斗，正如天皇一旦发出作战命令，就算只有竹竿作为武器，日本人也会奋不顾身地投入战斗”；“日本人只有接到天皇的圣旨才会接受战败的现实，并愿意生存下去重建家园”。

尽管日本人在任何情况下都忠于天皇，他们对其他个人和团体却大加批判，两种态度对比鲜明。对政府或军队统帅的批判，在战俘供词和报纸杂志中都可见到。日本本土的报纸也指责政府辜负了国民的期望，他们要求政府发挥更加有力的领导作用，更加团结一致共同奋进。报纸还认为，政府限制了言论自由，因此对其大加抨击。

为了充分证明这一点，我们可以参照大政翼赞会领导人物参加的座谈记录。这次会议的出席者包括日本极权政党、前国会议员、新闻记者等。记录就刊登在 1944 年 7 月的东京一家报纸上。有位出席者作了如下的发言：“最近几年，日本的国民都因为担心实话会引来责怪而不敢畅所欲言，他们缺乏气魄，优柔寡断，只在表面上应付了事，这已经严重妨碍了我们发动国民的力量，因此我们必须要推行言论自由，它是振奋民心诸多方法中最重要的一种。”

另一位出席者也发表了自己的看法：“我个人的经验也证明了言论自由的确遭到了某种否定。在每晚与同选区的人座谈时，我发现每当征求民众的意见，他们都畏畏缩缩不敢开口。这样必然不利于激发国民的斗志。他们之所以无法发挥出自身的战斗力，像封建时期的老百姓一样胆小懦弱，恐怕就是因为在所谓战时特别刑法和国家安全法的重压下，言行受到了严格的控制吧。”

战俘们厉声指责那些不能与部下共渡难关的军官，对那些命令部下抵抗到底自己却撇下他们坐着飞机撤离的军官，战俘们更是倍加痛恨。通常情况下，战俘们也会赞扬一些军官，而痛斥另一些，这说明他们并非不辨是非。

日本人对君主制并不是盲目地全盘接受，这一点，从他们在战争期间对政府、最高司令部和他们的直接领导者的批评指责中可以得到证明。然而，唯独天皇例外，他能够免受批判。那么我们就不得不思考这样一些问题：他们之所以把天皇视为神圣不可侵犯的存在，是否可以从民族性格中寻找到原因？既然天皇至高无上的神圣性是在近代才确立的，他何以如此受到尊崇？只要天皇下诏，日本人就会老老实实投降并接受占领，同样，只要天皇下诏，即使只有竹枪，也会战斗到最后一刻？战俘的这些话确实是事实吗？还是故意欺骗我们的呢？

日本在战争中的态度和行为不仅影响到了前线战局，还影响到了日本国内，比如他们崇尚精神、反对物质的倾向以及对天皇的极端崇敬。战争观的某些方面更是深深影响了日本军队，比如他们对战斗力消耗的独特看法。当日本得知美国把海军勋章授予台湾海峡舰队总司令乔治·爱斯·麦肯因将军时，他们惊诧不已，广播电台报道了如下内容，我们可以从中发现他们的看法与我们是多么的不同：

根据尼米兹公报的宣告，美国总司令乔治·爱斯·麦肯因将军之所以被授予海军勋章，是因为他成功挽救了美国两艘损坏的战舰，并安全护送他们返回海军基地，而不是因为他击退了日军。这对于我们是难以理解的，但它的确不是虚构出来的，而是切切实实地发生了……我们并不怀疑麦肯因将军挽救了两艘战舰这一事实，我们感到奇怪的是：美国会把勋章授予只是救援了两艘战舰的人。

在美国人眼中，救援受难者会为勇敢的行为增添英雄主义的色彩，对受难者的一切救援和帮助都令美国人极为感动。相比于其他的福利设施，美国人对待伤病患者的关注和怜悯到达了无可比拟的程度，和平时期来到美国的欧洲人对此也多有谈论。然而，日本在这些问题上的观点却与我们迥异，他们的舆论宣传，包括广播、报纸都反复强调说，只有置生死于度外才是高尚的，谨小慎微是可耻的行为。因此，我们推崇的救援行为在日本人看来反而会损害勇敢，他们甚至把我们在B-29轰炸机和战斗机上配备救生设施的举动看作是怯懦之举。

日本人对待伤员和疟疾患者的态度则更突显出这一观念。他们认为伤员患者无异于废物。日本军队中，没有一个能在战火中及时救助伤员的训练有素的救护队。日本的医疗服务极为缺乏，连正常的战斗力都无法维持，医疗用品的供应常常被忽视，也没有一个完善的医疗体系，如前线收容所、后方野战医院及远离战场的康复医院。一旦时间拉长，补给上发生困难，本来就很少的医疗设施和用品更加无法得到保障。这时，日本人的反物质倾向就发挥了作用。他们给士兵灌输这样的思想：死亡意味着精神的胜利，如果我们对伤员细心照顾，那就削弱了英雄主义，这就等同于在飞机上安装救生设备。

他们在日常生活中也不会像美国那样经常去看外科医生。日本人从不会在仍有条件时考虑实现转移伤员，有时情况紧急，伤病员甚至会被杀掉，这在新几内亚和菲律宾都有案例可循，那时日本人经常要撤离有医院的阵地。如果敌军已在眼前，或进行所谓的“有计划撤离”，他们就会让军医的负责人临走时射杀伤员，或伤员用手榴弹自杀，这些是他们的应急措施。

我们在研究日本人如何对待美国战俘时，应该重点参照他们对待伤病患者的态度，因为它反映了日本人对待国民的基本态度。日本人对待战俘和本国伤病患者的方式，按我们的标准来说是犯了虐待罪。驻菲律宾前上校军医哈洛德·W. 格莱特利回忆自己在中国台湾 3 年的战俘经历时说道：“日本士兵得到的医疗待遇还比不上美国战俘，这是我亲眼看到的。在俘虏营里，美国战俘得到了盟军医师的细心护理，而日本士兵却连军医都没有。一段时期内，日军唯一的军医是个下士，后来升了中士。”据说这位军医一年只露面一两次[1]。

日本人奉行的不投降政策可以说是这种为求胜利、不计伤亡思想的最显著体现。对日本人来说，只有战斗至死才是光荣的。一旦成为俘虏，不管是因为受伤还是丧失知觉，他都会因此使个人名誉毁于一旦，“再也抬不起头来了”，那个以前的他已经“死

1　1945 年 10 月 15 日《华盛顿邮报》报道。

了”。所以日本士兵自觉无望时，绝不会投降，他们或者集体赤手空拳地对敌人进行自杀式的攻击，或者用最后一颗手榴弹结束生命。而在西方，士兵并不认为投降有损军人的光荣。根据国际协议，为了让家人知道他们还活着，会在全国通报他们的名字，无论作为军人还是国民，他们都不会令家人感到羞耻，因此在尽了最大的努力仍然毫无胜算时，他们会选择投降。

不投降政策虽在日军中有明确的规定，但日本人非常忠实地将其付诸实践，根本无须对前线士兵进行此方面的特殊教育。我们可以用一些数据来说明这一点。在北缅会战中，日军被俘人数与战死者的比例是 142:17166，也就是 1:120。而这 142 名被俘者之中，单独投降或两三个人同时投降的只有极少数，绝大多数被俘时都已负伤或昏迷，而日军在霍兰迪亚的第一次大规模投降中，投降与阵亡的比例是 1:5，相比北缅会战大有增加，但和西方相比，仍有不少差距。在西方，人们公认军队不会拼死顽抗，一般当阵亡人数达到全体兵力的 1/4 或 1/3，军队往往会停止战斗。

在日本人看来，仅仅是投降这一条“罪名”就足够让美国战俘感到耻辱了。即使没有受伤，或者得疟疾、痢疾，他们也已经是“废物”，绝不能算是“完好的人”。可是他们发现，美国战俘竟不以之为耻，这是日本人尤其不能原谅的。

许多美国人都说，美国人要是在俘虏营里发笑，就会激怒日本看守，陷入危险的境地。一些美国人还提到，在日本，公开的违抗是最严重的罪行，仅仅是顶嘴也会被视为是对权威的公然挑战而受到严厉的惩罚。日常生活中也是如此，而且日本人经常教导战俘说，如果做了什么违反规定的事，就要尽量隐瞒起来。例如，战俘营里有一种规定，即战俘们白天外出修路或做工时禁止从外边带回食物，但其实，只要把蔬菜水果包起来，不被发现，就不会受到惩罚。但如果被发现，那就是罪大恶极，因为日本的看守会认为他们的权威受到了蔑视。

战俘营中的确存在着各种暴行，但我们不能忽视其背后的文化习惯。当然，我们在此区分暴虐行为与文化习惯导致的行为，并不意味着宽宥暴行。另外，根据日本军官的要求，日军看守们也必须同美国战俘一样遵守许多规则，因此日军早已把乘坐拥挤的运输船或急行军当作司空见惯的事了。

特别是在刚开战的时候，日军更是把投降当作一种耻辱，因为它们深信：一旦成为俘虏，就会受到敌军的虐待，甚至被杀死。当时在日军中就有流言，称“美军用坦克碾死了瓜达加纳尔的日军俘虏”。此外，美军对日本人的投降举动不得不心存戒备，因为既然日本军人把死亡作为自己唯一的归宿，他们就会把与敌人同归于尽作为自己的骄傲，即便被俘，他们也往往坚持这种做法。一个战俘曾说：“既然下定决心，为取得胜利不惜生命，要是死前没什么壮烈之举，那才真是耻辱之事！”这种观点很有代表性，所以有时，虽有日军想要投降，美国人却为了安全起见而把他们杀掉。这也使得日本战俘的比例降低。

深入日本人心的投降可耻观念与美国人所认识的战争惯例有着根本的不同。我们无法理解他们为什么会如此蔑视投降并觉得这种想法理所应当，同样他们也无法理解我们的行为。日本人以为美军必会像他们那样战斗到最后一刻，因此他们根本没想到驻巴丹岛美军会投降。美国人竟然不以成为战俘为耻，这太不可思议了。另外，为了能让家人知道自己安全，美国战俘会提出把自己的姓名通告本国政府，日本人对此惊讶不已且非常鄙视。

在成为战俘后，日本人自知已没有什么名誉可言，作为日本人的生命也结束了，但他们根本不知道该如何来适应这种新的环境。直到战争快要结束前的几个月，才有一些人想到也许可以回国，不论战争的胜败。也有一些人要求处决自己。最具戏剧性的一幕是，日本战俘竟会与盟军合作，而西方军人是绝不会这样做的。

日本人说，如果不允许处决战俘，他们就做一个模范战俘。他们的人生从此翻开了新的一页，尽管生活的内容与过去截然相反，但忠诚贯穿始终。他们也的确付诸了实践，甚至做得更好：有些老兵和多年的极端爱国人士与我军飞行员同乘一架轰炸机攻击军事目标，协助我们写宣传品，仔细说明日本弹药库的位置和兵力部署等。

当然，这并非是所有战俘的行为，极少数始终拒绝合作的人也是存在的。而且，我们必须先创造一些有利的条件，才有可能达到上述的效果。在某些战俘营中，美军接受了日本战俘的合作，在这种情况下，我们必须逐渐消除从前的疑虑，给予日本战俘更多的信赖。另外，也有些警惕的美国军官始终怀疑日本人的协助只是表面上的，甚至在某些战俘营，我军根本没有利用日本战俘的打算。

日本战俘竟会有这样180度的大转变，这完全出乎美国人的意料，也不符合我们的观念。“拼尽全力地朝一个方向努力，但失败了之后，就自然而然地选择另一个方向。”这似乎是他们的行事逻辑。如果真是如此，我们能否在战后利用这种观念？当然，我们还必须考虑到，它是否只是发生在个别战俘身上的特殊情况。日本人在战时的其他特殊行为也同样需要引起我们的注意，它们都反映出了日本人整体的生活方式，涉及他们的思维和行动习惯以及制度如何运作等方面。

第三章 各得其所

“各安其分”是个非常重要的概念，只有理解了它的内涵，我们才能走进日本人的精神世界。我们信仰的是自由与平等，因而等级制在我们眼中既不是正当的，在社会建构上也不是必要的。日本人对等级秩序的依赖恰与我们的信条走了相反的极端，但它并非凭空产生。日本人对于人与国家，人与人之间关系的一切认知，都为它奠定了牢固的基础。因此，我们要想理解日本人对生活的看法，就必须研究和描述包括经济行为、国家、宗教、家庭在内的种种风俗习惯。

日本人在看待所有关于国际关系的问题时，也同他们审视国内问题一样，是从等级制的视角出发的。无论是过去10年间，他们自认为在国际上处于金字塔的顶端，还是当前不得不接受西方国家取代其地位的现实，都是其等级观念的体现。1940年日本在签订的日、德、意三国公约前言中说：“要使世界持久和平，前提是各国皆摆正自己的位置，这是大日本帝国政府、德国政府和意大利政府的共同信念。”从这份外交文件中，我们可以看出他们对等级观点有多么重视。不仅如此，天皇在公约签订时颁发的诏书中再次提到了这一点：

> 我们的使命是：让各国都摆正自己的位置，让所有人民都能安居乐业。我们任重而道远……
>
> 在全世界建立统一的秩序，弘扬大义，这是皇室自古以来的训导。可如今，局势动荡不已，黎民百姓正遭受无尽的祸患，朕为此日夜忧心，期望早日平定祸患，实现和平……今三国政府缔结条约，朕心甚悦。

在偷袭珍珠港当天，这种观点又出现在日本特使向美国国务卿赫尔递交的声明中：

日本帝国的根本国策就是令世界上所有的国家都各归其位，帝国政府绝不能容忍与此相背离的情况。

需要说明的是，这份备忘录针对的是之前的赫尔备忘录。赫尔提出了四项原则：各国主权和领土完整不可侵犯；平等原则；互不干涉内政；通过国际合作与调解处理问题。他强调这些原则在美国的重要性就等同于等级制对于日本人的重要性。这些原则体现了美国人追求平等，尊重不可侵犯的权利的精神，是美国奉行的最基本的原则。

平等在美国人的生活中极为重要，它被视为一种最崇高、最道德的基础；有了它，我们就可以不受干涉，不受迫害，远离强制，拥有自由；有了它，我们就能在法律面前获得同等的对待，获得追求更好生活的权利；有了它，我们才能建立起一个更美好的世界。在国际社会，平等的原则也同样适用，因为它是在世界范围内保障和实现人权的基石。即使在我们自己的行为破坏了平等时，也仍然推崇这一原则本身，而对待等级制，我们只能满怀义愤地宣战。

这种观点自美国建国伊始就一直延续至今。一般来说，一个新建立的国家的公开文件内容是极为重要的，因为我们能从中看到人们在处理平常事务的过程中逐渐形成的生活方式。对美国而言，也就是一种与欧洲人有所不同的生活方式。

在美国诞生初期，杰斐逊就在《独立宣言》中写入了“平等”，它后来还成为宪法中《人权法案》的基础，其重要性是毋庸置疑的。19 世纪 30 年代初期，一位法国的年轻人托克维尔在访问了美国后，写作了一本关于平等的书。托克维尔是在法国的贵族社会中成长起来的。这个社会先历经了法国大革命的洗礼，又受到《拿破仑法典》的重大影响，这些都在当时活跃且颇有影响的人们头脑中记忆犹新。作为一个观察家，托克维尔既聪明又独具慧眼，他用法国贵族的眼光看待陌生的美国社会，并很快发现了很多优点。这是一篇非常重要的国际报道，托克维尔不仅对美国的生活秩序进行了高度评价，并且预见到美国社会的发展状况代表了即将到来的新事物，尽管可能有所不同，但欧洲也必将经历这种发展。

托克维尔用大量的笔墨对这个崭新的世界作了详细的描绘。在这里，没有旧时代占据统治地位的社会等级制的阴影，也不存在罗马式或古老贵族式的家族。那些基于等级的礼节常常被人们当作细枝末节加以忽略，他们既不强求别人恪守礼节，也不勉强自己遵循它们。在这里，社会交往是在一种和谐的崭新基础上建立起来的。平等是人们唯一的信仰，并且深深扎根于每个人的意识之中，人们以平等的身份沟通和交流。有时候，自由可能会在无意间被忽视，但平等却是关乎生命的信念。

托克维尔以一个外国人的独特视角，展现了100多年前美国人的生活，这令许多美国读者深有感触。在美国，无论过去还是现在，始终有人对贵族式的社会秩序情有独钟，就像杰斐逊时代的亚历山大·汉密尔顿一样，但即使是他们，也无不清醒地认识到：贵族式的生活方式在美国已经不存在了。回顾历史，尽管有很多重大的变迁，但我们仍然认为1830年的美国就已经是我们所了解的那个美国了，因为社会最基本的原则从未改变。

我们认为，只要根据我们所信奉的原则，按照特定的方向采取行动，那么每前进一步，都能让这个不完美的世界变得更好。

在珍珠港事件前夕，我们对日本宣布了太平洋政策建立的最重要的道德基础。实际上，这个道德基础与我们的基本原则是一致的。同样，经过长期的社会经验积累，“各安其分”的生活准则在日本社会的土壤中培育出来，成为他们维持社会运行的方式。人们广泛地接受了它，能够很容易地预见它的效果，对等级制的认同变得理所当然，如同呼吸一般，并最终将其奉为不可动摇的信条。但我们不能把它简单等同于西方权威主义，因为无论在统治者身上，还是被统治者身上，都有一种不同于我们的传统支配着他们的行动。目前，在日本人眼中，美国处在等级金字塔的顶端，为了判断出日本人在现状下会有怎样的行动，深入透彻地了解他们的习惯无疑变得更加重要了。

日本是个等级森严的社会，近些年来的西化倾向也不能掩盖这一特性。关于鞠躬、跪拜等礼节，日本有一整套严格的规矩和惯例。以鞠躬为例，从简单的点头、动动肩膀到双手伏地手触前额的跪拜，有许多种不同的程度和方式，它们分别适用于不同的场合。有时，同一个程度的礼节，对某个人来说是十分恰当的，而在另一个关系稍有不同的人看来，就是无礼的行为。因此日本人不仅要弄清楚向谁鞠躬，还要知道鞠躬到什么程度是适宜的。

日本还有一套敬语体系，这和许多太平洋上的民族是一样的。比如“你”在日语中有不同的说法，必须根据场合来进行选择，动词也有不同的表达方式，比如他们说“吃”或“坐”时，对不同的人，说法也有区别，这主要是根据两个人的等级和亲疏关系来选择的。总之，日本人每一次寒暄和交往，都要体现双方社会地位上的差异和亲疏远近的关系，这些规则是日本人从小就要开始学习的，他们还要学习在某个情况下怎样的行为举止才能恰当地表达自己的敬意。

两人交往时的礼仪，除了要考虑等级差异这一重要因素之外，还需考虑年龄、性别、家庭背景等诸多因素。在一些场合，某些因素的影响力会增强，另一些因素则可以相抵，遵守等级制需要综合考虑各个因素并使之处于平衡状态，这是一门极其高深的艺术。有时，在不同的情况下，相同的两个人之间也会有不同的尊敬程度，比如穿着便装的两人一般不需要互相鞠躬，但若有一方穿军队制服，另一方就必须向他鞠躬。

当然，也有些人对礼节不那么讲究。比如对美国人来说，家是他们最感到亲近温暖的地方，因此人们回到了家庭生活的圈子以后，就会抛弃掉一切形式上的礼节。而在日本，家庭仍然是他们学习和践行礼仪的重要场合。在家庭里，妻子要给丈夫鞠躬，子女要给父亲鞠躬，女孩无论什么年龄都要给兄弟鞠躬，弟弟要给哥哥鞠躬。需要特别强调的是，鞠躬绝不是徒有其表，而是有着深刻的内涵：受礼的一方借此表明，他要承担与地位相应的责任，而鞠躬的人则借此传达“对方有权干预自己的事情”的讯息。这些礼节也是从小培养的，母亲背着婴儿时就会用手摁下婴儿的头。小孩刚刚学会走路时，要上的第一课就是尊重父亲和兄长。家庭生活以长子继承制为核心。可以说，等级制正是建立在辈分、性别的基础上。

众所周知，无论在中国还是日本，“孝”都是最为崇高的道德品质。在中国，人口多达4.5亿，姓氏却只有470个，同一姓氏的人们大多承认彼此同宗。在中国广袤的土地上，尽管各地情况均有差异，但在大部分地区，一个村庄的居民通常同宗，某个地区的居民也可能全部同宗，而且住在城市里的人也可能与他们属于同一宗族，尽管他们已经离家乡很远了。

直到今天，宗族在中国仍然有很大的影响力，一个大的家族，成员数量可能极为庞大。宗族有权对其成员作出裁决，成员则给予宗族支持并为之尽忠。在人口稠密的广东地区，每个宗族都有自己的土地、寺院和财产，都会设立宗族基金来资助宗族子弟接受教育，宗族会召集散在各地的成员，每隔约 10 年，就要仔细地进行一次族谱的增添和修订工作，记载有资格享有本族特权者的姓名，并刊印发行。宗族成员还会联合起来修缮氏族宗祠，每到祭祖日，都要一起向数以千计的祖宗牌位致祭，他们都是从同一祖先繁衍流传下来的。不仅如此，这种大宗族共同体，在封建帝制时期具有半自治的性质，它按照世代相传的族规行事，只是有时受到国家名义上的管理。实际上，那些政府委任调派的、不断更换的官员，很难插手当地的事务，宗族甚至会因反对当局的看法而拒绝把本族犯人交给当局。

公元六、七世纪，中国的孝道文化就伴随着儒教、佛教及世俗文化传到了日本，但由于两国家庭结构的差异，孝道的性质也自然而然地发生了改变。日本与中国极为不同的一点在于姓氏。在中国，姓氏是氏族制度的基础，比如上文提到的族谱，在某些宗族中就是大致起到姓氏的作用，没有姓氏或能起到同等作用的东西，宗族组织就无法发展壮大。而日本在 19 世纪之前，除了贵族和武士家族，其他人都没有姓氏。另外，日本的族谱仅在社会上层使用，而且记录的方式并非从古到今地记录下祖先繁衍的后代，而是从健在的人向过去追溯，就像“美国革命妇女会”那样。两种方法差异甚大。

在行政管理方面，中国的官僚是短期的，他在地方上很难扩张势力，在任职地始终扮演的是外人的角色。而日本是一个封建国家，人民需要向封建领主而不是向宗族组织尽忠，并且封建领主是世代承袭的。在日本，一个人的联系纽带是他所属的藩，他们关心的是一个人是属于萨摩藩还是肥前藩。

如果是没有姓氏和族谱的普通老百姓，他们可以采用另一种方式来使宗族制度化，即在神社或圣地祭拜远祖或氏族神。但日本人并没有祭祀远祖的仪式，那些被称作“庶民”的村民们便聚集在开展祭祀活动的神社里。由于他们同住在这个祭神的封地上，故被称为氏族神的“孩子”。和世界各地的村民一样，这些祭拜者由于在同一个地方世代定居而存在一些亲戚关系，但不一定同属于一个有共同祖先的亲密氏族，在祭拜时，他们也无须证明这一点。

日本人是在家庭房间的“佛坛”上祭拜祖先的，而且通常供奉的只是六七个近期离世的亲属，一般包括人们始终怀念的父母，祖父母以及近亲。每天，人们都要在佛坛前对着类似墓碑的灵牌进行祭拜，并供奉一些食物。但从长期来看，日本家族的联系仍然算不上紧密，程度与西方差不多，或许与法国最为类似，比如说，曾祖父、曾祖母墓碑上的文字即使无法辨认，也没有人会重新去刻写，至于三代以前的墓地，甚至有可能迅速遭到遗忘。

所以说，日本的“孝道”主要局限于直接接触的家庭成员间，包括祖父、父亲以及各自的兄弟和后代。如果是豪门大家，家族的圈子可能会大些，这时候，则往往分化出许多独立的分支，从次子开始，男孩都必须另立门户，成为“支系”。在这样一个直接接触的小范围家庭中，成员按照辈分、年龄、性别各自确定相应的地位，并有一套详细明确的规定。父亲是一家之长，享有至高的权威，用餐时他要先动筷子，沐浴也是以他为先，家庭成员都必须向他恭敬地行礼，而他只要点头受礼即可。只要他没有正式隐退，家庭成员都必须严格地服从其命令。比如一个儿子在成年之后也必须请示父亲才能做某件事，父母甚至有权包办一个三四十岁的孩子的婚姻。有一条与此相关的谜语在日本流传很广泛：

“为什么儿子想向父母提意见就像剃了度的佛教徒想蓄发一样?”谜底是:“不管怎么想，绝对不可能。”

“各安其分”既指辈分的差别，也指年龄的差别。在日本家庭中，长子是继承家业的人，他的特权几乎可与父亲比肩。日本人认为，长兄应该游刃有余地保持长兄的气魄，正如许多去过日本的人所说的那样“日本的长子从小就有很强的责任感”，当日本人想要说“秩序极为混乱时”，他们就会用“非兄非弟”来表达，和我们所说的“非鱼非鸟”含义相似。过去，弟弟大多要依赖长兄，但现在情况发生了变化，尤其是在城镇和农村，根据传统，长子往往留在家中，弟弟们则有机会出外闯荡，获得更好的教育和更高的收入。尽管如此，等级制的观念仍然根深蒂固。

这种长兄特权的传统观念，我们在当今日本的政治论坛上也能体会到它的影响力，在大东亚共荣政策的问题上就是如此。1942 年春天，陆军省一个中佐发言人就大东亚共荣圈的问题发表了这样一段讲话:“我认为，不应该过分体恤占领区的居民，这不利于日本在当地的统治，因为当地的居民会有一种滥用日本好意的不良倾向。我们应该让占领区的每家每户每个人都树立起这样一个观念：日本是长兄，他们的国家是日本人的弟弟。”这也就是说，什么事对弟弟有益是由长兄来决定的，而且不必过多考虑弟弟的意见。

性别是确定个人等级地位的重要因素，年龄则不那么重要。从教育方面来讲，女子的教育主要是以教导礼仪和举止规范为重，她们在智力方面受的教育水平根本无法与男子相比，这一点可以从那些为青年女性设立的高等学校的课程上得到证明。有一位女校校长曾鼓励中上流家庭出身的女学生学习一些欧洲语言知识，但她的理由却是帮助丈夫将读完的书掸去尘之后，正确地放回书架。

在家庭里，日本的女性社会地位低下，走路必须要在丈夫之后。即使穿上西服，可与丈夫并肩行走，进出门时先于丈夫，但穿着和服时，就必须退到后面。家庭里的男孩子们占有全部的金钱、教育、父母的关心和礼物，女孩子们只能无可奈何地看着。

不过，相比于其他大部分亚洲国家，日本的女性拥有很大的自由，这也不仅仅是受到西化的影响。她们可以自由地进出店堂，在街上行走，不必像印度的妇女那样终日待在闺房里，也不必像中国上流社会的妇女那样缠足，而且她们在家庭内还有不小的权力，尤其是在当了婆婆之后，更是一手操办家中事务，完全忘了前半生当儿媳妇时唯命是从的艰辛。她们负责管理家中的佣人，对子女的婚姻也可以多加干涉，全家的费用支出包括日常的开销都由她们来管理，钱物不够时，她们就挑出几样家当送去当铺，补贴家用。

尽管由辈分、年龄、性别造成了很大的特权，但行使这些特权的人绝不是独裁专制的人，他们要负责管理整个家庭，并且对全体家庭成员负责，既包括活着的，也包括已去世的和即将出生的。他们所拥有的权威并非无条件的，一切行为都要以家庭的荣誉为重，家族的责任和使命远高于个人的需要，而且一个人的地位越高，也就意味着他要承担更重大的责任。父亲和兄长必须能够作出重大决策并贯彻执行，必须激励儿子和兄弟为守护家族的物质遗产和精神遗产而不息奋斗。即使只是一个普通的农民，他也会祈求祖先，保佑他完成自己的责任和使命。

日本的家族背后存在着某种约束力，但它与普鲁士的情况不同。在普鲁士，父亲对妻子儿女的专制权力是在法律和习惯的基础上确立起来的，但日本人家庭并未教育成要尊重专制权力，家庭成员也不会轻易就习惯于向专制权力屈服。当然，这并不是说约束力在日本会被削弱，只是效果上有些差异。日本人要求成员服从家庭意志的，是基于“关乎全体利益”这一最高价值的。无论要求多么苛刻，服从就意味着对家族的忠诚。家族会议就是一种重要的表现。不论门第的高低，一家之长都会在面临重大决策时召开家族会议来进行商讨。比如，家族成员可能会为了参加一个以订婚为议题的会议而从远方赶来，在决策过程中，家长倘若独断专行，情况就会很难堪。他必须充分考虑所有人的意见。另外，一个妻子或弟弟的看法也可能产生决定性的影响。有时，由于关乎自己的命运，会议事务的当事人可能难以服从家族意见，但那些一生都在服从家族意见的长辈们，总会用种种办法迫使晚辈服从，就像他们当年做的那样。

家庭是日本人学习等级制思想的最初场所，学习的成果将为以后的政治、经济等更大范围内的行为举止奠定基础。日本人在家庭中学到，无论某个人在一个群体中实际的掌控力如何，只要他在地位上高于自己，就必须对他表示尊重。等级制下的种种规矩牢不可破，即使有某个人在背后控制着事态的发展，拥有实际的支配权力，特权的界限仍然存在，表面的种种礼仪也仍需维持。比如对待一个实际上没有支配权的丈夫或者兄长，妻子和弟弟仍然要在正式场合表示尊敬。有时这也给一些人提供了方便，比如某些人身份地位不高，但可以借此掌握实际的权力以便减少他人的攻击。

另外，如前文所述，日本的家长作为一个管理者，并不能成为一个强硬专制的人，他必须守护那些关乎全体成员利益的财产，包括物质的和精神的，并把它的要求置于个人意志之上。因此，日本人都很清楚，通过家长强加于人的方式来执行某个决定是不可行的，最佳的做法是让家族确信，这个决定有利于家族荣誉的维护。

上述这些关于日本家族等级制的简单介绍，对于在人际关系的处理方式上完全不同的美国人来说，恐怕很难理解。尽管日本家族中的牢固的纽带关系令美国人困惑，但它确实存在，它形成和巩固的原因，也在本书的讨论范围之内，而且只有理解了等级制在家庭中是如何发挥作用的，我们才能明白它在政治和经济等领域的影响。

日本阶级关系上的等级制与家庭相比毫不逊色。这个国家在其漫长的历史上，始终是一个等级森严的阶级社会。长期的等级制习惯在历史上有重要的地位，尽管它优劣并存。自有文字记载历史以来，等级制就一直是日本基本的生活准则，甚至可以追溯到公元7世纪。那时，日本已经开始接受无等级的中国的某些文化，并加以改造，使之与等级制相适应。7世纪到8世纪，日本天皇和官员都对文明高度发展的中国赞叹不已，因而立志向中国学习，引进中国文化。他们树立了“强国”的目标，以无与伦比的热情和努力推进这项事业。这种有序的学习计划十分成功。即使在世界历史上，这也是一个绝无仅有的主权国家引进外国文化的成功范例。

在公元7世纪，当时还没有文字的日本，借鉴中国的表意文字来记录他们自己的语言，而日本的语言与中国有着根本的差异；天皇还仿照中国的京城，建造了新的奈良城作为首都，而在此之前，日本没有永久性的大型建筑；无论是官方的还是私人的，在宫廷也采用使节从中国学来的官阶品位和律令。当时的日本国内已产生了一种民间宗教，也就是现代的神道的前身，人们相信有40万神祇保佑着山岳和村庄，赐予人们恩惠和福气。7世纪，日本大力从中国引进佛教，称之为“保护国家至善”的宗教，并按照中国的式样建造了许多壮丽的寺庙和院落。

不过，无论日本多么大规模地引入中国的文化，一旦触及等级制，它就会加以改造或避而不用，比如说中国的官僚行政制度就未被采纳，因为它代表了一种无阶级的社会组织。在中国，取得官阶的是那些经过科举考试合格的官员，但在日本的官位制下，取得官阶的则是世袭贵族和封建领主，由他们来构建起一整套的等级体系。日本有许多藩国，它们处于半独立的状态且仍不断分裂，领主都尽量增强实力压倒其他。领主、家臣、侍从的特殊，也是许多社会习俗存在的基础。同样，日本不能接受中国的宗族制度，因为它试图把不同身份地位的人聚集在一起。世俗皇帝的观念也被日本人排斥在外。中国经常改朝换代，日本却“万世一系”，在他们看来，天皇神圣而不可侵犯，只有皇族的人才有资格继位。日语中把天皇居住的地方叫作“云上所”，也正是此意。事实上，中国人在文化方面所做的设计或改动，恐怕是日本天皇及其官员引入中国文化时根本想象不到的。

所以中国的很多文化精华，只不过是为日本领主与家臣之间的矛盾埋下了伏笔。此后的几百年间，领主与家臣为争夺统治权展开了激烈的斗争。7 世纪末，统治权掌握在贵族藤原氏手中，天皇被软禁。藤原氏的统治遭到各封建领主的反对，于是内战席卷全国。后来，著名的源赖朝在战乱中脱颖而出，他打败了所有对手，自封“征夷大将军”，并以“将军”的名义，掌握国家的权力实行统治。天皇成为有名无实的傀儡，他只是在形式上给将军封赐罢了。按照日本以往的惯例，只要源赖朝的子孙能够使其他封建领主甘于臣服，他们就能世袭“将军”称号，并保证由幕府掌握实权。对于那些仍未臣服的藩国，他们就要以武力打击来维持统治。每个大名，即封建领主都有一批“武士”追随，他们是效忠于领主，配备武器的武装家臣。一旦发生争斗，他们便会投入战斗。

内战成了16世纪的主旋律，经过了几十年的浴血奋战，功勋卓著的武将德川家康征服了所有对手，于1603年建立了德川幕府。德川家族的统治一直延续到1868年。那一年，日本的幕府统治被废除，德川统治终结，日本进入了近代时期。德川时代延续了长达260年的时间，并在此期间成功建立起了以幕府利益为宗旨的中央集权制，维持了国内的政治稳定状态。在许多方面，德川幕府时期都值得我们作深入的研究和探讨。

在内战中，一些很有实力的藩主曾反对德川，直到失败才归顺于他，这些人被称为“外样”，对这部分人应该怎样处理，成了德川面临的一个重大难题。虽然他直到最后也没有找到一个完美的解决方案，但还是采取了很多有力的措施：德川不允许他们享有幕府家臣的荣誉，也不把重要的职务交给他们，重要的职务都掌握在“谱代大名”，也就是内战中追随德川的人手中。在这些前提下，德川承认他们在自己的藩国仍享有最高统治权，可以继续统治自己的领地，领导自己的家臣。除此之外，他还极力防止封建领主培养或联合武装力量，以此减少对幕府统治的威胁。显然，为了维护统治，延续和平，德川的战略是增强和巩固封建体制，而非把它废除。

封建时期的日本社会有着复杂的阶层分化，通过世袭的方式，每个人的身份地位得以确定下来。德川将这个制度进一步强化，详尽地规范了不同阶层在日常生活中的一举一动。皇室和宫廷贵族处于等级的最高位置，其下是士（武士）、农（农民）、工（工人）、商（商人）四个世袭等级，最底层的是贱民。每个人的住房、食物、衣着都要根据其地位阶层来确定。德川规定，每户家长都必须在门口挂牌说明其所处阶层和世袭身份。人们非常重视阶层的划分，对最底层的贱民态度极为恶劣，特别是数量最多、也最出名的贱民——“秽多”。他们是从事污秽职业的工人，比如掩埋死囚的人、剥下死兽皮的人、清道夫等，他们虽被允许从事这类职业，但被称为“不可接触者”，根本无法在正式的社会组织中得到承认，生活也非常拮据艰辛。其他的社会成员根本不把他们当人看，就连计算道路里程时，也不把经过他们居住地的道路计算在内，仿佛这些人和土地都不存在一样。

在封建社会，商人总是会成为统治者仇视的对象，人们总倾向于认为，一旦商业发展起来，商人受到尊重，就会威胁到封建制度。因此，在日本，商人的地位仅比贱民高一些，这是毋庸置疑的事实，尽管美国人会觉得这种现象不可理解。

为了遏制商业，德川通过在各藩边界设置关卡、禁止商品自由流通等措施来严格限制国内贸易，还有一些法令对商人的日常生活作出了规定。如不允许商人与武士同住在一个地区，如果商人受到武士的凌辱，法律不会予以保护，因为武士是特权阶层。德川甚至在节俭法，即《奢侈取缔令》中还详细规定了商人应该穿什么样的衣服，可携带哪些物品和婚丧费用的限额。

鉴于从前日本与中国沿海地区有贸易往来时商人阶层迅速壮大的历史经验，17 世纪，德川实行了闭关锁国的政策，来铲除商业的根基，这在任何国家都是前所未有的。他还限制了建造或出航的船的尺寸，一旦超过就要严厉惩罚，而那些符合尺寸要求的小船则禁止运输商品或航行到大陆。

这种试图把商人永远处于卑贱地位的努力，在日本当时的货币经济背景下与历史发展的潮流不符，但德川仍然这样做。

作为稳固封建社会的重要力量，武士和平民阶层在德川幕府的统治下处于各自独立的稳定状态。早在内战时期，著名的将军丰臣秀吉就颁布了著名的“缴刀令”，他收缴了农民的武器，规定只有武士阶级才有资格拥有武装，而且不允许武士再从事生产活动，即使是最下层的武士也不行。如此一来，武士的生活来源要依靠大名给予的俸禄，而这份俸禄则是从大名农民每年上缴的赋税中抽取，并按照份额分配给武士。因此，武士完全依赖于领主，也不能跨越自己的阶级。通过这种方式，武士和农民阶层分离开来。而且，这些措施还使大名与武士建立起了以经济为基础的新型纽带关系，早期的纽带是以不断的战争为前提的，到了和平的德川时代，它也就必然被取代了。

武士的经济情况通常不太乐观，他们的俸禄是在德川初年按照家庭地位确定的，而且不会太多。据日本学者的推算，武士的平均收入仅够满足基本的生活需要，比农民好不了多少，而且他们除了俸禄之外没有其他的收入来源，他们不是富裕的士兵，也不像欧洲的骑士那样拥有土地和农奴。他们把“节俭是人的最高美德”作为信条，没有什么比“财产气派决定威望”更令他们恼怒的了。武士家庭通常不得不限制规模，因为更多的继承者就意味着俸禄被分成更多份，家庭境况就更艰难了。

农、工、商三个阶层都属于“庶民”，而武士则属于特权阶级，佩刀就是其标志。早在德川时代以前，就形成了一种传统，即武士可以对庶民用刀，所有这些都造成了武士相对于其他阶层的孤立位置。德川在此基础上延续了旧传统，强化了严格的等级制度和规范，规定可以就地处决那些不尊重武士或上级的庶民，完全没有考虑减少武士与庶民两个阶层间的隔阂，尽管这两个阶层都由大名统帅，并服从于德川。当然，在特定的情况下，阶级之间也会产生某种联系，但就等级体系本身而言，阶级之间的距离仍是难以跨越的，每个等级都有一套自己的法令法规、相互义务和统治权限。

从德川时代开始，武士虽仍然随时准备浴血奋战，但除此之外，也发展出其他众多职能，因为在长达200年的和平时期中，需要使用武力的情况很有限。武士们为大名出谋划策，处理所有的文件，为领主管理财产，还成了能乐、茶道等风雅艺术的专家，就像受到特权阶级限制的商人，仍然会追求生活的舒适和高雅。

日本的农民阶级生活极为困苦，他们既承担着沉重的赋税，生活上也受到种种严格的限制。他们供养着包括将军幕府、大名、武士在内近200万人的上层特权等级。根据实物税的规定，农民要将一定比例的收成上交大名，比例一般为40%，但事实上要高于它，在某些藩国甚至高达80%，而在另一个水稻生产国暹罗，传统赋税仅为10%。此外，另有强迫劳动和无偿服务占用农民的时间和精力。尽管如此，日本仍有一些措施来保障农民的利益，因为虽然政府对武士或是从事生产的阶级都实行斯巴达式的严格限制，上下级之间仍不可避免地存在一些依赖关系，人们了解自己的等级、权利和义务，农民的利益一旦受损，必然会进行反抗。

在日本，土地就是威望的标志，农民们非常重视对土地的永久使用权，他们世世代代都在稻田里勤勤恳恳地辛苦劳作。德川禁止土地转让，正是为了保证每个劳动者的利益，而不是像欧洲的封建主义那样是为了保障封建领主的利益。然而，农民仍需像武士阶层一样限制家庭的人口，在长期和平的德川统治时期，日本的全国人口基本保持了一个稳定的状态，这足以说明当时的统治情况。

极度的贫困曾引发农民的反抗，他们感到无法忍受时，便联合起来到藩主那里去。在德川时代的260多年间，各地的农民起义不低于1000次，这些起义大多是为了抗议新增赋税，而不是由于“四公六民”的传统赋税。它们不仅针对封建领主，也针对将军幕府。但是请愿或谈判却是井然有序的。农民先写好请愿书并递交给藩主内臣，如果内臣扣押了请愿书，或者藩主不予理睬，他们就选派代表到江户把状纸上呈给将军。一般在幕府收到状纸后，短期内就会有判决，而且半数判决有利于农民，所以尽管有不小的风险，农民在忍无可忍时仍然会选择递状纸。

问题在于，虽然农民的抗议可能是合理的并得到了幕府判决的支持，国家满足其要求也是正确的，但这种行为是日本的法律和秩序所禁止的，因为无论出发点多么正当，他们仍然作出了僭越等级的事，违背了忠诚的准则，尤其是抗议活动的领袖，所以他一定会被判处死刑。

这种惩罚被人们视为生活中最根本的等级制的核心，即使是农民起义者也不会否认其正当性，因此，当人们聚集在刑场上，看到起义领导者——他们的英雄被斩首、钉上木架或投入油锅，也不会发生暴乱。法律和秩序就是如此。当然，事后人们会把他们当作烈士，并为之修建祠堂。

总之，历代的德川幕府将军都致力于强化各藩的等级结构，处于各藩最高地位的是大名，他对属下行使特权，其他各阶层都依赖于封建领主。

对将军来说，最重要的事莫过于控制大名，防止他们谋逆或互相联合，为此德川采取了一系列措施。其中最有名的是，规定大名每年必须留在京都半年，当他返回所属领地，他的妻子就必须留在东京，作为幕府的人质；将军还会派出许多密探，负责调查大名的财政情况，一旦发现哪个大名财力雄厚，将军就会让他修建大型公共建筑工程，来消耗其财力，使之降低到原有水平。各藩的边界都设置了查验行人的哨所关卡，命令禁止“出女入炮”，防止大名运送妻妾出境或运送武器入境。通过这些手段，幕府保障自己的权威，并巩固在等级制中的地位。

当然，由于将军是奉天皇之命掌握政权的，因而在这个等级制中，他并不是最重要的力量。12世纪开始，将军就以无权的天皇名义行使实权，这种天皇与将军实行双重统治的局面一直延续下来，日本人早已不以为奇，即使是最有权有势的德川将军，也从未想过将其废除。在国内，统治是通过权力的委托来实现的。有名无实的天皇把权力交托给世袭的世俗统领，这个世俗统领又把权力委托给世袭的政治顾问，依此类推，权力不断下移。没有实权的天皇和其他的皇室贵族都被软禁在京都，宫廷礼节都要听从于幕府将军，财政收入甚至不如一个大名。即使是在幕府统治末期，培里将军也完全不了解日本天皇的存在，1858年，美国第一位驻日公使哈里斯与日本签订第一个商贸条约时，也是靠自己慢慢摸索，才发现原来将军背后还有一位天皇。

事实上，日本的天皇观念在很多太平洋岛屿上都能见到。比如18世纪到过太平洋汤加岛的詹姆斯·威尔逊就曾说那里的政府与日本最为相似，“神圣首领就相当于是军事领袖的某种政治犯”。权力由神圣首领自己还是委托他人掌握，太平洋各岛的情况不尽相同，但无论他是否参政，其本身都是神圣不可冒犯的。

新西兰各部落中，凡是神圣首领的双脚接触过的土地，都会自动归他所有，成为圣地，因此他外出必须由人抬送。他的头部是神圣的，任何人都不可触摸，他说的话就像部落神一样受到尊崇，他进食时必须由专人奉上而不可自己取食，连他奉食使用的勺子也会变得神圣。

在汤加、萨摩亚等太平洋岛屿上，国内政务皆由世俗首领掌管，神圣首领完全不干预世俗生活。比如汤加岛的神圣首领就完全不参与政务，但他地位仍然很高，并负责主持宗教仪式。人们必须将果园里的最先摘下的果实奉献给他，然后举行一定的仪式，这之后人们才能吃。当他死去时，讣告中会说“天堂空虚了”，然后将他葬在规模宏大的王陵之中。

日本的天皇也是如此，“军事将领的某种政治犯”的事实并不影响他在等级制中占有一席之地。即便是在征夷大将军统治的长达几个世纪的年代里，早已习惯了等级地位思想的日本人，也一直很重视京都的天皇宫廷。他们有独特的衡量天皇身份的标准，因此天皇是否在俗务中发挥作用对他们而言并不那么重要。当然，在西方人看来，天皇完全是多余的。

与其他君主制国家不同的是，日本早已绘制出一幅世界蓝图，它明确地规定了每个人的身份地位，还有与之相应的行为规范。而且，这种规范不是像摩西十诫那样的一些抽象的道德准则，而是一系列具体的行为准则：它规定了在这种场合应如何做，在另一种场合又如何行动；兄长该怎么做，弟弟又该怎么做；武士该怎么做，贱民又该怎么做等。

两个多世纪以来，这些强制推行的法律和秩序以及它所代表的严密的等级体系，在日本人眼中，逐渐演变成安全和稳定的象征。只要人们在公认的界限内行事，严格履行义务，人们能获得某种安全感，认为世界是可信赖的。那样的话，各大名的战争会停息，刁民贼党会受到惩治，民众可以像受到剥削的农民一样上访，只要他们有充分的证据说明自己的权利受到了侵害。这些做法都是被大众所接受的，尽管仍有一定的风险存在。

在幕府统治时期，有些开明的将军甚至设立了“控诉箱”，这个箱子的钥匙只有将军才能持有，公民有任何抗议，都可向控诉箱投信。如果某个人的行为违反了规范，它就必然会得到纠正。因此人们尽全力来遵守和适应规范，而非修正或抗拒，人们认为前者也是勇气和正直的体现。

不同于某些民族，日本人在强有力的等级制度下，并没有变得温顺起来。关键在于每个阶层在受到不少限制的同时也得到了很好的保障，因而也更加稳定、有序。甚至是贱民阶层也能得到垄断其所在职业的保障，当局也承认他们的自治团体的正当性。

日本的等级制还具有某种灵活性，在不破坏规范的前提下，可以巧妙地对制度进行调整，这是印度等一些国家的制度中所缺乏的。以商人和高利贷者为例，他们在货币经济背景下的崛起是必然的，当他们富裕起来之后，就会想尽一切办法在上流社会立足。虽然有明文规定不许买卖农民的土地，但在日本，地租非常高，而且让农民继续在土地上劳作是对地主有利的，因此，商人和高利贷者在利用典押和地租成为地主之后，便可以依靠收取土地的租金来获取利益。富人的子女们则通过与武士阶层通婚一跃而成为贵族。

过继和收养是另一种传统的变通方法。在德川的重重限制下逐渐富起来的商人们，会千方百计地把自己的儿子送进武士家庭。这种方式虽然代价很高，但商人们可以借此获得武士身份，而且得到诸多益处。在日本有一种“婿养子”的说法，因为日本人大多喜欢招女婿而很少收养子，这些“婿养子”就是以后岳父的继承人。但他需要把户口从原籍中迁出，要姓妻子家的姓并同岳母一家生活。这种方式为富裕的人提高身份提供了途径，且没有破坏等级制度本身。就这样，陷入困境的武士家庭往往与富商结成姻亲，商人的后代则有很多都获得了武士身份。

由此可见，在日本有些阶级之间互相通婚的办法是为人们所公认的，它并未限制人们只能在同阶级内部缔结婚姻。通过联姻，富裕的商人逐渐渗透到下层的武士阶层中，与他们联合力量。令人尤其吃惊的是，即使同在封建制度没落之时，日本的阶级流动性也比欧洲更大。最有说服力的证据就是：日本贵族与市民阶层之间不存在激烈的斗争。另外，它也造成了日本与欧洲社会的极大差异，由于商人、高利贷者都按照某些规则“购买”了上层等级的身份，中产阶级始终无法强大起来，而在欧洲，正是逐渐强大并且在现代工业时代居于支配地位的中产阶级的崛起导致了封建主义的最终崩溃。

显而易见，日本这两个阶级有共同的目标，这对双方都有好处。但这种情况并非日本所独有，法国以及西欧的两三个国家也存在类似的情况。然而，欧洲的阶级十分稳固，法国贵族的破产正是由激烈的阶级冲突引发的。可在日本，不同的阶级却能联合起来，最终由商人、武士和金融阶层组成联盟推翻了幕府统治。而且，由于日本社会可以用一些方法实现阶级的流动，近代日本才能保留其贵族制度。

19世纪后半叶，德川幕府逐渐走向崩溃，但却没有任何集团提出废除规范的主张，那里没有发生法国革命，甚至连“1848式革命”也没有。因为在日本人看来，规范就意味着保障，它规定了相互间的义务并要求履行，它允许反抗非法的侵犯，并有一定的灵活性来调节人们的利益需求。然而，形势最终已经到了无法挽回的地步，那时整个封建体系的存在本身就已经是一个笑话：大名们财政困难，无力支付武士、家臣的定额俸禄。巨大的财政支出和人数众多让非生产阶级难以为继。于是，大名和幕府为挽救危机只好加重农民的赋税而且常年预征，以至于最后农民陷入极度贫困，濒临破产的将军难以维持其统治。1853年，培里将军率领部下到达时，日本的危机已经极为严重。1858年，培里率领军队强行进入日本，并通过强制手段签订了日美通商条约。

即便如此，我们仍然没有看到这个固守传统的国家有什么借鉴西方进行变革的迹象。当时日本举国上下的口号是“一新”，也就是王政复古，这与革命完全对立，甚至有倒退的危险，此外，还有“攘夷”的口号与“尊王”并行，人们幻想着回到闭关锁国的黄金时代。极少数懂得这条路行不通的领导者，纷纷遭到了暗杀的厄运。总之，地平线上没有一丝乌云能让我们预测到未来几十年横扫日本的狂风暴雨。

如果 19 世纪 60 年代西方人能从水晶球中看到日本的前途，他们也绝不会相信的。但事实却是，深受等级制束缚的保守的日本人竟然毅然选择了一条崭新的道路，发挥出其不同于西方的独特优势，而且坚定向前，达到了高层人士和普通舆论根本未曾预料到的高度，以至于 50 年后甚至与西方列强争雄。

第四章

明治维新

位于京都的天皇朝廷是保守势力的聚集地，在保皇派的人看来，保皇派的胜利就是要让日本重新回到传统的生活方式中，要让“改革派”在任何事务上都没有发言权，还要驱除外虏。国内的各阶层皆有不同的态度：日本最强大的大名——外样大名成了“倒幕派”的先锋，他们试图通过“王政复古”的方式来取代德川幕府的统治；武士们想要继续取得俸禄，还希望在斗争中建功立业；那些在财政上给予保守派支持的商人，虽然希望国家重视商业发展，对封建制度本身却未有责难；农民们则反对“改革”，他们关心的是能多一些收成。日本提出“尊王攘夷”的口号，其根本目的在于保护日本免受他国侵略，同时也是希望日本能恢复到10世纪以前的黄金时代，那时还未实行天皇与将军的“双重统治”。这一口号宣告了日本近代的到来。

从西方的眼光来看，在之前，日本推行的一直是极端保守的孤立主义政策，而到了1868年，倒幕运动取得了胜利，“双重统治”结束，“王政复古”得以实现，从此以后，新政府选择了一条与此前完全相反的道路。仅仅在一年之内，各藩大名的征税权就被取消，政府要求，原来“四公六民”中交给大名的“四成”，现在由政府来提取，并收回了田契。作为补偿，大名不但不必再负担武士的俸禄（武士、家臣的俸禄从政府领取），也不必再筹款建设公共工程，他们还能从政府获得相当于其一半收入的俸禄。随后的五年间，政府下令废除不平等的阶级制度，一切代表身份地位的着装标志都被废除，甚至下令“散发”。此外，禁止土地转让的法令被废除了，各藩之间的关卡被解除了，贱民得到了解放，佛教的国教地位也被取消了。

1876年，政府又一次性给大名和武士发放了相当于德川时代5至15年的俸禄。在非封建经济之下，他们可以用这些钱来创办企业。“封建土地贵族和商业金融巨头的结合早在德川时代就已出现，在此时则得到了最终的确立。”

新的明治政府的一系列改革，并没有得到人民的拥护，它也与大多数推翻幕府、建立新政的参与者的初衷相对立。而且，在毫不动摇地推行自己的改革方案的同时，明治政府还取消了人们期盼已久的1871—1873年侵略朝鲜的远征计划。当时对立派的伟大领导者西乡隆盛代表了保皇派的意见，反对明治政府改革封建制度的做法，并领导了一次大规模的叛乱。虽然叛乱最终被政府招募的武士志愿军所平定，但我们也能从中看出当时日本民众对改革是何等的不满。

农民也对政府有着强烈的不满，他们认为，新政府直到1877年才开始慢慢着手减轻农民承担的重税，这是对农民阶层的极大忽视，而1868年到1878年的十年间，有关“均地权”的农民起义不下190起。另外，对测量土地、散发和脱刀法令、贱民获得平等权利、对佛教的限制、征兵制度、建立学校、年历改革等许多措施，农民都持反对态度，因为它们改变了农民们早已习惯的固有生活方式。

形势如此严峻，民众的不满如此强烈，那么这次遭到普遍反对的激烈改革的支持力量来自于何方呢？那就是商人与下层武士的“特殊联盟”，它早在封建时代就已经形成。商人购买了武士身份之后，就把生产方面的种种技术和知识带到了武士阶层并且传播开来，而武士不仅亲自经营管理过纺织、矿山、造纸等封建垄断企业，而且由于曾是大名的得力助手，对国家的各项政策也甚为熟悉。因此，二者结盟后力量迅速强大，并将自信干练的人才推举出来，为明治政府的改革出谋划策并广为推行。

这些精明强干的卓越领导者们，成功地推行了一项在其他地方都未曾有过的极其伟大的事业。当我们考虑到它的时代背景——19世纪后半叶的日本刚刚摆脱中世纪的阴影，国力和现在的暹罗差不多，我们就会发现这一切有多么不可思议。关键不在于领导者们所属的阶级或是如何变得精明、勤奋和务实，而在于领导者的长处和不足所体现出的传统日本人的某种特性。这种民族特性的过去和现在的情况正是我们所要挖掘的主题，现在，我们暂且对明治政治家的新政措施做一些基本的了解。

明治政府是把这项事业作为一项具体的工作来对待的，他们改革的唯一目的就是让日本强大起来，在国际社会立足，而并没有把改革与意识形态联系起来。对待封建阶级，它只是通过利诱的手段获得支持，而不是对封建阶级大加批判指责，也没有没收其财产；对待农民阶级，他们也最终改善了其生活状况，至于起步的缓慢，与其说是因为阶级对立而对农民置之不理，不如说是因为国库空虚。

即使是那些作为政府主导力量的英明睿智的政治家们，也是维护等级制的，他们的改革措施只是给了等级制一个新的面貌，而非从根本上否定或废除它。“尊王复古”以天皇取代将军掌权，实际上是使等级体系简单化，之后废除藩国的措施则把忠于国家与藩主之间的矛盾消除了。那些被称为“阁下”、代表社会上层利益的政治家们，为了推行自己的施政纲领，甚至加强了中央集权的统治，他们或给予恩惠或施加压力以求达到目的。他们并不想去迎合公共的舆论，虽然民众反对建立公共学校、使用阳历，反对废除对贱民的不平等待遇等，他们仍坚持推行这些措施。

天皇于1889年颁布的《日本宪法》可以说是一项重大的恩惠，它建立了议会，并且明确规定了人民在国家中所处的地位。

负责起草宪法的机构隶属于宫内省，因而是神圣的。在制订过程中，领导者们非常慎重，他们对西方各国的宪法都进行了认真细致的研究，而且他们考虑到公众舆论可能会对政府造成一定的干扰，因此采取了各种手段防止它的发生。

明治政府非常清楚自己的目的。19 世纪 80 年代，木户侯爵受伊藤公爵的委派，前往英国会见斯宾塞[1]。他指出了一些日本目前遇到的问题，询问斯宾塞的意见。在长时间的交谈之后，斯宾塞把自己的看法写在信中寄给伊藤博文。

斯宾塞认为，等级制是日本无与伦比的重要基础，它在长期的传统规范中形成并稳固下来，对于国家来说是必不可少的。对天皇的忠诚和对长辈上级的尊重服从，都是可供利用的资源，应该维护、引导并加以利用。对于这种维护日本传统的看法，明治政府非常认同，他们不想破坏等级制的习惯，打算把“各安其分”的优势应用到现代世界的各种事务中。

明治政府对国家与公民之间的义务作出明确的安排，要求做到“各安其分”，这种安排贯穿于政治、经济和宗教各个领域。当我们在审视这些安排时，常常容易忽视一些基本的因素，因为它与英国、美国都迥然不同。

在日本，从上到下的统治都非常强硬，这一点从政府最高层的组成人员可以得到证明，也正因如此，公共舆论对于上层来说根本就无关紧要，民众没有发言权，政府高层也从不认为他们需要考虑民众的意见。1940 年，政府最高层主要是由天皇的亲信忠臣、临时顾问以及天皇亲自任命的官员组成的，他们担任的职务一般是内阁大臣、各局局长、法官、地方长官和其他重要职务，

1　斯宾塞（1820—1903），英国著名进化论社会学家，所著《社会学原理》，我国严复译出，名为《群学肄言》。——译者注

这些都是由人民选举产生的官员不可能担任的。

民选官员虽然代表人民的意见，有对政府高官提出批评和质询的权力，但却在政府决策、财政预算和人事任免方面没有实质的权力，对内阁、财政部长、交通部长的任命则完全没有发言权，也不能参与法律的制定。

参议院的成员有一半是世袭贵族，另有四分之一是由天皇特别任命的。参议院与众议院在制定法律上有平等的权力，但参议院对众议院有监督权，这显示了两院在等级上的差别。这种方式保证了政府中的高级职位仍然掌握在“阁下”们的手中。

当然，在“各安其分”的体制之下，也存在自治的情况。因为在所有的亚洲国家之中，权威总是从上层慢慢向下扩展，无论它采取怎样的政体。这样的话，下面的地方自治权往往会与这种权威在中途发生碰撞。这些国家间的不同在于，地方能承担起多大的责任？地方上有多高程度的民主？地方的首脑是维护全体居住者的利益还是为某些集团势力服务以至于会损害居民的利益？

在日本，一个重要的自治单位就是“村落”，一般由15户左右的人家构成。它不属于政府行政体系的单位，而是在政府不干涉的范围内继续存在。直至今日，这种组织仍然按照自己的方式来进行管理。“村落”的首领每年更换，负责领导村民，他们要“组织村民在适宜的时候集体耕种、盖房、修路，管理部落的财物，遇到火灾负责振铃，对遭灾或遇丧的村民的救济情况进行监督，在地方休息日用敲钟击鼓的方式通告村民”。但部落首领不承担征税的重任，这不在他的工作范围内，这一点是与许多亚洲国家都不一样的。他们发挥作用仅限于民主范围内，其地位并没有什么矛盾之处。

另外，在德川时代，日本还有一种现在称之为“邻组”[1]的单位，它是最小的行政单位，当时一般包括5到10户，和中国相同。“邻组”的组长负责领导管理组内的事务，他要规范成员行为，报告可疑情况，发现逃犯要立即交给政府。明治的领导者们曾废除“邻组”，后来又恢复并命名，甚至在市镇积极培植，但在今天，“邻组”已经没什么影响力了。

近代日本的地方行政机构主要划分为市、町和村，一般由地方推举“长老”代表本地区与中央政府或地方公署进行交涉，处理相应的事务。在乡村，这个领导者通常年纪较大，同时要是家族中的成员，并拥有自己的土地。村长拥有很高的威望，与此相比，经济上有一定程度的损失也就算不了什么了。他要与长者们共同管理和发展本村的经济、教育和卫生事业，其中个人档案和财产登记工作尤为重要。

村公所承担着很多重要的职责，公务非常繁忙。以登记为例，村公所要登记本村居民的住址、婚姻、子女出生和过继、犯罪记录等一系列信息，它包含了一个家庭的所有情况。居民户籍所在的村公所可以从日本的任何地方获得个人的材料，然后记录下来，当人们在找工作、受审或其他情况下需要身份证明时，就必须通过信函或者亲自返回户口所在地，办理一份个人信息的副本。因此，人们对这个档案记录非常重视，不会轻易留下对自己或家庭不利的记录。

除此之外，村公所还要负责组织改良土壤、植树造林活动；管理国家拨来的用于小学教育的经费；征集管理本村承担的教育经费，这笔经费通常比国家拨款的数额大得多；以及登记一切财

1　德川时代称“五人组”。——译者注

产的买卖情况，只有经过村公所登记之后财产买卖才是合法的。

由此可见，市、町、村承担的公共责任很大。19世纪20年代，日本出现了全国性的政党，也就是说“执政党”和“在野党”将会轮流掌握权力，即使如此，日本的地方行政机构也并未受到影响，而是继续保持由长者来领导的传统。不过，地方行政机构在以下三个方面没有自治权。这就是，教师和警察是国家雇佣人员，法官由国家直接任命。法院在地方行政上的影响微乎其微，因为日本人一般使用仲裁或调停的方式来解决大部分民事诉讼。

属于公务员的警察和教员作用相对大一些。警察的主要任务是登记居民档案和管理财产记录，偶尔有公众集会时，他们则必须到场保证秩序。为了防止警察与地方关系过近，过多地参与地方事务或徇私枉法，政府会经常进行人事调动。

日本的学校和法国一样，有着非常严格的规章制度，它深入到教学活动的每个细节。全国各地的学校不仅教材相同，而且要在同一个时间讲授相同的内容。每天早晨，各个学校要统一在收音机的广播下做同样的广播体操。总之，法院、警察和学校的活动不在地方行政机构的职责范围内。

这种行政方式与欧洲大陆国家，如荷兰和比利时一样。荷兰的一切法律实际上都是由女王内阁起草，国会不过问这类事务，这和日本的情况一样。事实上，荷兰女王的权力在形式上渗透进地方政府。她甚至可以直接任命镇长、市长，这比1940年的日本程度更高。虽然，这些职务实际上由地方提名，而女王也总是对提名表示认可，但毕竟要使任命合法总要经过女王的同意，不仅如此，荷兰的法院和警察也是直接向女王负责。在荷兰，诸如耕种、开挖运河、围海造田、改革等地方事务，不仅仅由民选的市长和官员们来处理，而是由整个地方政府来负责。

美国的政府机构就与日本、荷兰很不一样。美国的最高立法权和行政权由选举产生的代表来行使，地方的管理工作则主要由地方法院和警察来推进。在学校教育上，日本则沿袭了法国的传统，不像荷兰那样任何宗教团体都有创办学校的自由。

将日本政府与情况类似的欧洲政府相比较就不难发现，二者真正的差异在于各自的职能，而非形式。日本在长期的历史经验中，形成了特定的传统，它渗透到人们的价值观和行为规范之中，并不断受到重视和强调。对于国家而言，它的影响力是值得信赖的。

正因传统的存在，政府高层在决策时才不必考虑公众舆论，因为只要得到“大众的支持”就足够了。“阁下”们只要身在其位就能获得尊重，因为人们公认不可越过等级界限，这与政策是否认可无关。当中央政府超越权限来管理地方事务时，人们也会尊重，国家在他们看来几乎没有缺陷。然而对于美国人来说，管理内政的国家政府虽然必要，但仍有许多坏处。

日本政府在重视“各安其分”的同时，也十分重视它的表现之一，即尊重国民的意愿。

在合法的公众舆论领域，即使是对国民有利的事，政府也必须通过劝说，获得他们的同意，这并不是夸张的说法。例如在推广改良旧式农耕的办法时，负责发展农业的官员并没有用强制的方式来推进，他们的做法和美国爱达华州官员相似。

日本人的行为方式是：分配一定的权力，同时把这个权力限制在一定范围内。在鼓励建立由国家担保的农民信用社和农村供销合作社时，政府官员总要会见当地有权威的人，进行长期的会谈，把他们的意见纳入考虑，因为地方的事务就必须有地方的力量参与管理。因此，日本人比西方人更加尊重服从“上级”，“上级”在行动上也更加灵活自由，但同时他们必须掌握好尺度，不可超越界限。

“万物各得其所，各安其分”是日本人的信条。在宗教问题上，明治政府设立的种种制度似乎比政治上的更加匪夷所思，但我们仍然能从中看到日本人的这种信条贯穿始终。

在日本，神道有着特殊的地位。日本人认为它并不是宗教，而是代表着民族的统一和强大，象征的是民族和国家，就像美国的国旗一样。日本政府要求全体国民都信奉神道，并给予它特殊的支持和一定的管理。在他们看来，神道只是忠诚的象征，因此这样做并没有违背西方所说的宗教信仰自由，就像美国政府要求国民向国旗敬礼一样，是完全正当的。

学校里开设了有关神道的课程，其内容主要是讲述对“万世一系的统治者”天皇的尊崇和神代以来的日本历史，由于他们认为神道“不是宗教”，也就不必担心因此受到西方的批评。在行政上，由专门的政府机构内务省神祇局来管理神道，在财政上，无论是神社、祭祀、宗教活动还是神职人员，一切费用都由国家承担。其他宗教的情况就大不相同了，日本政府听任国民的个人意愿，与美国类似，无论是对基督教、佛教还是其他教派神道或祭祀神道都贯彻这一原则。它们在行政上由文部省宗教局管理，财政则主要依靠教徒的自愿捐赠。

尽管我们不能说日本的神道是大规模的“国教会”，但考虑到日本政府对它的官方态度，我们至少可以说它是一个规模庞大的组织。11万间规模各不相同的神社遍布全国，从祭祀天照大神的伊势大神官到为一些特别的祭奠准备的地方神社，应有尽有。神官也有等级的差别，最高层的神官被称为“阁下”，其次是各郡、市、府、县的神官，然后是最底层的神官，与政府的等级制并列。

国家神道的活动与我们所熟知的那些宗教活动毫无相似之处，由于它“不是宗教”，因此法律禁止神官宣讲教义，也就不可能有西方那样的礼拜仪式。神官们的工作更像是为信众准备祭祀活动，而不是带领信众进行礼拜。在众多的祭祀日，各村的代表都来神社参拜，他们站在神官面前，然后神官举起一根扎着麻绳和纸条的杆子，来回晃动，为他们洁身驱邪。之后，神官就打开内殿的门，大声召唤众神前来享用供品。

神官们不停地祷告，参拜者们则要按身份排列，毕恭毕敬地依次叩拜，并献上带有神圣意味的小树枝，树枝上还要缠上白纸条，无论在日本的新时代还是旧时代，都随处可见这种树枝。最后，神官再次大声叫喊着把众神送走，关上内殿的大门。天皇在国家神道的祭日要亲自为国民致祭，政府各部门也会休假。国家神道的祭日不是老百姓祭祀的节日，这一点和地方神社的祭祀与佛教的祭祀日不同，后两者不受国家干预，而神道则受到严格管理。

日本人在那些比较自由的领域按照自己的想法进行各种祭祀活动。在国家神道之外，神道还有不少教派，有些神道教派非常推崇国家主义，甚至在政府还没有采取国家主义的19世纪30年代就开始大肆宣扬。佛教在日本乃是一个庞大的教派，信徒众多。此外，其他教派的教义、始祖也有所不同，教派活动在各地都很兴盛。此外，有些教派信奉儒家思想和教义，有些被称为“基督教科学派”，强调修身养性，还有些教派则专门从事神灵显圣和参拜圣山神社活动，普通民众的祭祀节日大多不是国家神道的节日。

在这种祭祀日，民众们都会纷纷前往神社，漱口净身后打铃或击掌，召唤神灵前来，接着，他们恭恭敬敬地叩拜行礼，礼毕后再打铃、击掌送回众神。离开神社后，他们看相扑、驱魔术、看小丑插科打诨的舞蹈或是在小摊上买各种饰品和玩物，享受群乐……这些都是他们的日常主要活动。对于这些祭日活动，一位曾在日本居住的英国人引用诗人威廉·布雷克的诗说：

若教堂赐我们美酒几杯，
点燃欢乐之火暖我灵魂。
我们将终日祈祷
吟唱赞美，
信教无悔。

日本人喜欢参加朝圣活动，这就像度假一样愉快。事实上，日本的宗教绝不会令人感到严苛，当然，那些极少数专门为宗教献身的人除外。

就这样，明治政治家们确定了国家在政治领域的职权范围，以及国家神道在宗教领域的职权范围。他们始终保证自己在新等级制中处于最上层，可以在遇到事关国家的重大事项时直接干预和控制，在此前提下，人民在其他领域享有充分的自由。

他们在创建海、陆、空军时，也遇到了类似的问题。明治政府在军事领域也废除了旧的等级制度，就像其他领域一样，而且，比在普通民众中废除得更加彻底。军队里排、连的组成人员大多是同一地区的居民，在和平时期，服兵役的地方大都离家不远，这就意味着延续了士兵与当地的联系，更重要的是，在军队服役的 2 年期间，从前武士与农民、富人与穷人的关系已经很大程度上被军官与士兵、老兵与新兵的关系所取代了。

明治政府还规定军队里的晋升不是看家庭出身，而是看个人的能力和贡献，这种政策执行的彻底程度在其他领域是少见的。虽然实际上，一些旧的习惯仍然存在，但政府甚至已经废除了在军队中使用敬语的规定。

这种军队的确可以说是真正的人民军队，它不像大多数其他国家的军队那样，只是维持国家统治的工具，而是在许多方面，都起到了促进民主平等的作用，比如，日本的军队对弱小的农民阶级有着深切的同情，这种同情使军队总是代表农民与工业家和金融巨头进行斗争。因此，军队在日本民众之中享有着极高的声誉，赢得了不少支持，军队也的确是当之无愧的。

明治政治家们对于组建起这样一支军队的一切后果，也并不完全认同。因此，他们在高层权力安排上采取了一系列措施，虽然宪法中没有关于这些的明确规定，但现在公认的惯例就是保证军部相对于政府的独立性。比如，军部对内阁的组建有着决定性的影响，对他们不信任的内阁，可以通过拒绝委派军官入阁的方式阻止它的成立，因为，组建内阁时必须要求有高级军官就职陆、海军大臣，这类职位是退役军官或平民都不能担任的。

同样，对于内阁的任何举动，军部如有不满，只需召回军部在内阁中的代表，即可迫使内阁倒台。另外，与外务省或内务部大臣不同，陆、海军有权直接面见天皇，这就意味着，他们可以不必事先与内阁成员们协商，就可以以天皇的名义推行强制性的措施。

在军部决策的最高层，军部首脑决不允许任何力量干涉他的决定，《宪法》中的一条规定也为其提供了保障，那就是：“如果政府的预算未在国会通过，可以沿用上一年度的预算。”最明显的一个例子就是，尽管外交部一再保证，但关东军还是侵略了满洲，这说明当军部首脑与内阁意见不一致时，军队可以在决策未定之前就采取行动，这样的案例在日本并不少。军队在其他领域的行事方法也与此类似。

军部行动的一切后果日本国民都会接受，但这并不代表民众认同军部的意见，而是军部在这些方面享有特权，因为事关等级特权，因此他们不会提出任何异议。

发展工业方面的方针规划和具体政策同样是由明治政治家们来制定的，但他们选择的是一条与任何西方国家都不同的道路，并且取得了极大的成就。他们以最小的牺牲和代价，建立了一批国家最需要的大型企业。

“阁下”们不仅制定了企业的发展规划，还成为它们的经济后盾，为其提供资金支持。而且，国家相关机构要亲自参与企业的经营管理，包括派人出国学习技术，聘请外国专家等。日本的政治家们认为，工业发展对于日本来说是生死攸关的大事，因此不能放任不管，让企业在市场规律的引导下自由发展。但这并不是说他们采用的是社会主义的方式，因为当企业“运营良好，业务成熟”的时候，政府就会精心挑选一些金融财团，如三井、三菱等著名财团，然后以极为低廉的价格将企业转让给私营企业，如此一来，财团获得了极大的利益，但普通百姓并未从中获益。

通过这些措施，日本改变了“资本主义生产方式的出发点和发展的一般顺序”。日本首先致力于建立关系到国计民生的重工业，而不是从轻工产品和日常消费品开始。兵工厂、铁路建设，冶炼、造船等工业优先发展且势头迅猛，短期内就迅速提高了效率和技术水平。当然，这些企业并未完全私有化，政府仍掌握着大部分军工企业，并特别拨款加以扶持。

在这些国家优先发展、给予特别扶持的产业领域里，只有国家和那些拥有特权、信誉较高的大财团才能参与经营，非官办企业和民营企业没有立足之地。在其他领域里，人们还是比较自由的，这主要是那些技术含量不高，资金投入较少，劳动力密集型的产业。这类企业的运行方式是这样的：一个做小本生意的商人买进原料后，先交给一个只有四五个工人的小厂或一个家庭工厂进行初步加工，然后把半成品收回再交给另外一个小厂加工。这样几次之后，把最终的成品卖出去或交给出口商。美国人通常把这类企业称为“家庭血汗工厂”，它们至今仍可见到。

20 世纪 30 年代，日本约有 53% 的雇员在不超过 5 个人的小工厂或家庭作坊里工作，这些人中的大部分是作坊里的学徒，受到一定保护；也有不少城市中的家庭妇女，她们甚至要背着孩子在家里做计件的零活。

如同政治和宗教领域的双重性一样，日本工业的双重性在他们的生活方式中也发挥着重要的作用。日本政治家认为，他们必须在经济领域也建立起一种特权制度，以使自己在财政上能享有与其他领域相匹配的等级地位。因此，他们就挑选一批享有政治特权的商人来经营一些关键性的企业，这样一来，他们就能符合其他等级制，从而获得“适当地位”。

按照日本人的金钱观，金融贵族是不受民众尊敬和爱戴的，但政府从未想过切断与他们之间的联系，而是尽量在不违反等级制的前提下扶持这些财团，使他们在获得大量物质利益的同时，也能拥有较高的社会地位。不过，这种努力的结果也并不能完全令人满意，财团还是会受到农民或军官的攻击。

实际上，日本人的反对和攻击并非主要针对财阀，而是针对所谓的“成金户”。“成金”一词原本是将棋中使用的术语[1]，指的是

---

1 日本将棋中，卒子进入对方疆界就翻身成“金将”。卒子过河就是“成金”。此外的意思相当于“暴发户”。——译者注

“弈子”一下子变成了“女王”，然后就不顾自己的身份资格，像“大人物”一样在棋盘上横行霸道，神气十足。人们对“成金户”评价极低，认为他们主要是靠剥削或者欺诈获得财富的。

“成金户”一般被翻译为“暴发户”，这个词与“成金户”的原意有一些偏离。美国的“暴发户”主要指“新来的人”，由于他们因财富大量聚集进入上流社会，但还没有学会上流社会的交际礼仪，不知礼数，因此往往遭到嘲笑。但是，他们从破木屋起家致富，或者从小马夫变成了做石油生意的百万富翁，人们就会被他们的创业故事所感动进而刮目相看。但在日本，财富必须要在等级框架之内的特定区域取得，政府会给予支持，人们也可接受，否则，那些富人就会受到人们的激烈反对。这种尖锐的态度与美国人对待白手起家的下层人民的态度截然不同。

总之，无论是家庭生活中，依据阶层、辈分、年龄、性别来采取适宜行动的做法，还是政治、经济、军事、宗教领域严格的等级划分，日本的整个社会结构和秩序都是按照恒定的等级制度建立起来的。只要“各在其位”，人们就能获得安全感，毫无怨言地安稳生活，而无论上层还是下层，一旦超过自己的权力范围，也都将受到严厉的处罚。不过，他们感到安全并不是因为个人最重要的幸福得到了良好的保障，而是因为在他们的头脑中，等级制思想已经合法化了。他们信仰等级思想就如同美国人信仰平等和自由贸易原则一样都已经成为民族生活方式的重要特征。

等级制是日本社会所独有的文化。在那里，大多数人的思想都认同等级制，因为人们的思想正是在等级制下培育起来的。日本作家把这种伦理观念当作理所当然的，因而没有过多阐述，所以我们必须以此为突破口来了解日本人。

日本人在对待其他国家时，也自然而然地应用了这种“安全模式”，他们根本没有意识到等级制是绝不可能向他国输出的。适用于日本的这种“各安其分”的伦理观念无法令他国接受，因为他国不存在这种观念生长的土壤。结果，日本在实践中遭遇了极大的阻碍和失败。其他国家认为日本那些大言不惭的主张简直就是狂妄，甚至比狂妄还要恶劣。日本每占领一个地方，居民们都深恶痛绝。然而对此，日本的官员、士兵都感到十分吃惊。在他们看来，日本给了这些国家在等级制中的一个位置，尽管这个位置很低，但即便对于地位低的人来说，等级制也是很好的。

与纳粹的征服论不同，日本在宣传时着重表现被占领地区对日本的“爱”，比如日本军部有好几部战争题材的影片，都是讲述痛苦绝望、手足无措的中国姑娘，因与日本工程师或士兵相爱而得到幸福的故事。当然，这种宣传方式也不一定就能收到好的效果。日本人自身曾为了等级制的建立付出了巨大的代价，而他们又强制推行等级制，强迫别的国家付出同样的代价，这就是他们的错误所在。

第五章

历史和社会的负恩者

东方人经常认为，他们是历史的负债者。他们的那些仪式，即西方人称之为“祖先崇拜”的仪式其实在很大程度上并不包含对祖先真正的崇拜，也不完全是对祖先，它只是为了表示人们对过去一切的感恩之心而举行的仪式。而且不仅是对过去，他所欠的恩情还会随着每天和他人的日常交往而不断增加。

这种对恩情的负债成了他们日常决策和行事的基本出发点。日本人所说的“义”，就是在包括祖先和同时代的人在内的人情网络中找到自己的位置。这个网络里的人们都相互欠着恩情。

德高望重的日本人从不轻视过去，也绝不会说自己不欠任何人的恩情。这对于我们来说，是难以理解的。我们把自己当作“历史的继承者”，尽管在经历了两次世界大战和一次经济大危机之后，我们不再那么自信，但我们也绝不会因此就对过去有更多的负债感。而且，尽管西方人从社会得到了教育、培养和福利方面的良好条件，甚至包括他们降临人世，他们仍然完全不重视对社会所欠的恩情，这也正是日本人说我们缺乏动力的原因。

用语言来描述东西方之间的差异并不难，真正困难的是要理解它们在人们生活中造成的影响。我们必须首先了解日本在这种差异方面的具体状况，才能弄清楚，为什么他们在战争中有如此极端的自我牺牲精神，以及在我们认为完全没有必要的时候，他们为什么会勃然大怒。负恩让人承担了巨大的责任，让人们容易发怒，这在日本人的行为中可以得到证明。

关于“义务”或“恩情”这类意思，中文和日语有很多词可以表示。但这些词在意义上不完全相同，它所隐含的特殊意思也无法通过对译的英文体现出来，因为我们的观念中完全没有它们所代表的那种价值观。

日语中的“恩”与“obligation”相对应，表示一个人所欠的大小恩情或债务，要把它译成英文时，就会出现“obligation”“kindness”“loyalty”“love”等一系列词汇，但这些词与原词的意义都有一定程度的偏差。“恩”不等同于“义务”或是“爱”，因为如果那样的话，似乎说“受孩子的恩”也是正确的，但日本人是绝不会这么用的。“恩”与“忠诚”也不能等同，日语中还有其他的词可以表示“忠诚”的含义，它们和“恩”也不是同义的。人们一般是从长辈或上级受恩，或至少是同级，若非如此，人们就容易产生自卑感。

“恩”虽有很多用法，但它们的相同之处就在于，表示一个人承受的债务或者负担。日本人说的“我受某人之恩”，实际上就是说“我对某人有义务”，并且称这位施恩者、债主为“恩人”。

“记恩”，有时也是一种真情实感的流露。日本小学二年级的德育课教材里有一个小故事就体现了这一点，它的题目叫“不忘恩情”：

哈齐是一条可爱的小狗，出生不久后，一个人把它带回了家。那个人像宠爱自己的孩子一样疼爱小哈齐。就这样，小哈齐一天天长大，身体也越来越强壮。每天早上，主人去上班，它都要把他送到车站，傍晚时分，又去车站接主人回家。

然而不幸的是，没过多久，主人就去世了。人们不知道哈齐是不是明白主人去世的事实，只见它还是像以前一样，每天都要去主人上下班的那个车站，电车到站时，它就会望着拥挤的人群，执着地寻找着主人的身影。

这个小故事隐含的道德意义是：忠诚是爱的代名词。儿子对母亲的孝顺关怀正像是故事中哈齐对主人的赤诚忠心一般，我们可以称之为“不忘母亲的养育之恩”。这里的“恩”不仅仅指母亲对他的爱，还包括婴儿时期母亲的细心照料，青少年时期的培养以及成年以后的种种操劳。总之也就是在他的成长过程中，母亲为之付出的一切努力。由于母亲的存在，他就自然而然地欠了母亲的恩情，而且他必须对这份恩情有所回报。“恩”中有爱的含义，但本意是负债。而在美国人眼中，爱是一种自由给予的感情，它不受到义务约束。

几百年来，不论恩人是谁，“不忘恩情”已经成为日本人生活中最重要的行为习惯。在日本的整个历史上，一个人生活圈内最高的上级就是他最大的恩人，这个恩人会随着时代而有所改变，最初是各地的地头[1]，然后是领主和将军，最后是天皇。当人们使用“皇恩”这个词时，是把它当作第一位的、最重大的恩情，并且带着无限的效忠之情来使用的。

日本人认为，他们有幸生于这个国家，能够获得各种各样的关怀照顾，愉快地生活，这一切都是天皇的恩赐，因此，人们在接受这种恩情时必须怀有无尽的感激之情。时至近代，日本千方百计地把这种感情集中到天皇身上，并且使日本人对生活方式的一切偏爱都成为加重这种感情的砝码。

出征前，士兵能够喝到酒，都被说成是“皇恩”赏赐；领导者们以天皇的名义分发香烟到前线部队，也会强调士兵们领受了“皇恩”；在日本人眼中，为守卫太平洋岛屿而捐躯是报答皇恩的表现；神风队员的自杀式攻击也是为了报答浩荡无边的“皇恩”。

人们受恩的对象也有比天皇地位低的人，比如从父母那里受恩，这是著名的东方孝道的基础，也是父母对儿女拥有支配权的

1　地头：封建时代为领主管理庄园的家臣。——译者注

原因所在。孩子们必须努力工作，侍奉父母，尽力服从父母的意愿和要求，因为他们要报答多年以来所承受的父母的恩情。而在父母对子女同样拥有绝对权威的德国，子女是在父母的权威下才服从的，因此父母必须想尽一切办法维持自己在家庭中的地位。

日本有一句关于父母之恩的谚语“养儿方知父母恩”，也就是说，父母之恩就是在每天的日常生活中，父母为子女所费的心思和操劳，由此可知，他们眼中的孝道是与实际生活紧密联系的。日本人对祖先的崇拜，只限于最近的、还记得的先祖，因此，他们对那些童年时给予自己切实照顾的人就怀有更深的感情。另外，对子女的义务也包含在“父母之恩”中，如果他们能把自己的孩子照顾得很好，就像当初父母照顾自己一样，甚至照顾得更好，那么这也可以算作在一定程度上对父母之恩的回报。

事实上，每个人都有年幼的时候，这时他必须依赖双亲生活，之后在衣食住行多方面也都离不开父母，直至成年。这一点在任何文化中都是毋庸置疑的。日本人认为美国人对此没有足够的重视，一位作家曾批评“美国的‘不忘父母之恩’充其量不过是善待父母而已”，人们不会让子女产生“负恩”的感觉。

承受他人的恩情，对日本人来说是一件非常重要的事，人们在受恩的同时也具有了某种义务，必须竭尽所能地履行它。因此，“恩”是一种负担，有时甚至超越了人们的主观意愿。比如在日本人的观念中，由于主人和老师都曾帮助他们成长和自立，因而对他们有着特殊的恩情，为了报答，他们必须在主人、老师遇到困难时伸出援手，或者在其去世后，为其照顾家人。

要顺利推行上述种种报恩的伦理观，有一个重要的前提：每个人都认为自己承受了深重的恩情，并且能无怨无悔地将报恩的义务履行下去。在日本严密的等级体系已经在社会扎根之后，人们严格遵循着各种规范，形成了固定的习惯。受其影响，日本人从道德高度来认识报恩行为。对恩情的尊重能达到如此程度，这让西方人难以想象。

如果把上级都看成完善的人，那么报恩行为就很容易实现。日语中的“爱”相当于“love”，表示亲近、爱护之意。在19世纪，传教士们翻译《圣经》时，用“爱”来表示人类对上帝的敬爱以及上帝对人类普遍的爱，他们认为这个字是日语中唯一能表达“love”之意的。但日语中的“爱”尤其强调上级对下级，长辈对晚辈的爱，这里面除了西方人所认为的“庇护”的意思外，还有其他方面的内涵。从严格意义上来讲，现代日语中的“爱”仍然主要用于上级对下级、长辈对晚辈的场合，但有时也可用于表达同级、同辈人之间的感情，这可能受到了传教士的影响，但更重要的是，受到政府力图打破等级界限的影响。

虽说由于其独特的文化，日本人更容易接受报恩思想，但平白无故的受恩并不常见，人们不喜欢因受恩而欠别人人情，这会带给他们负担。如果能够在受恩的同时不必负担任何义务，那将是件幸运的事。

日本表达“使人受恩”的语句翻译成英语，意思最接近的是“imposing upon another”，这通常是在给别人一些东西或帮了别人的忙时使用，而“imposing”在美国也有强求别人的意思。

日本人在与邻近的人和旧等级关系的接触中，深知“恩”所承载的意义以及带来的后果，因此，他们极为反感从不熟悉的人那里受恩。如果施恩者是与他同级的人或仅仅是熟人，他们就会不高兴，此时他宁愿避免卷入由于受恩而带来的一切麻烦。在生活中，哪怕是一根陌生人递过来的香烟，他们也会感到不愉快，这时表达谢意最礼貌的说法是“这让我很为难。”（日语是“気の毒”，原意是为难的感情、难受之情)，这句话可译作“I’m sorry”“Thank you”或“I fee like a hell”，事实上这句话兼有这些含义，又都有细微差别。一个日本人的解释是这样的:“在这种情形下，直接向对方说明自己很为难也许比较好，因为你从没想过要为对方做些什么，因此不想接受他的恩惠。”

另一个明显的例子是明治前的一条著名法例“凡遇争端，无关人士不得插手”。人们一般对大街上发生的事不加理睬，这并非由于缺乏主动性，而是认为，除了官方的干预，随便插手此事会让对方背上“受恩”的包袱。人们会怀疑那些未经授权就擅自出手帮助的人是别有用心，想从中捞取好处。既然“帮助别人会使别人负恩”是大家公认的事实，就应该谨慎地对待，不应主动干预。对于卷入“恩情”，日本人往往非常谨慎。

在表达接受他人恩惠的不安心情时，日语中有很多类似“Thank you”的说法。其中，日常使用的“すみません”就和“気の毒”相似，同是表达受恩时为难的心情。经营小店的店主经常会把这句话挂在嘴边。“すみません”译成英语可以是“I’m grateful”“Thank you”“I apologize”“I’m sorry”。它的本意是“这怎么得了呢”，意思就是说“我受了您的恩惠，可是在现代经济条件下，我可能无法报答您的恩情，对此我非常抱歉”。比如在大街上，你的帽子被风吹走了，有人替你捡了回来，这种场合说这句话最合适不过了。当他还你帽子时，出于礼貌，你需要表达对受恩的不安。“我对这个陌生人施与的恩情无法给予回报，因此感到深深的愧疚，只有真诚的道歉，才能让我的心里好受一些。”“すみません”也许是日语中最常用的感谢语。“虽然我受了此人的恩惠，而且接过帽子不意味着恩情的结束，但是我们只是匆匆而过的陌生人，我也无可奈何”。

另外，在现代大都市的百货公司里，人们最常使用的是“ありがとぅ”，它的意思也最明确，原意是“这真是太难得了”，意思是感谢顾客前来购物，因为他们给商家带来了利益，也就是有恩于商家，这是一种恭维的言辞，在收到别人的礼物等场合，也可以使用这句话。

在日本人看来，在表达“受恩”心情的词中，程度更强烈的是“かたじけない”（惶恐万分），它包含着“感激”和“受辱”的双重含义,汉字写成“忝ない”或“辱ない”[1]。日语辞典中的解释是这样的：由于自己受到了主人的特别恩惠，而这个恩惠实际上自己不配接受时，就会感到羞耻、惭愧。这个词即表达这样的含义。

日本人对这种羞耻非常敏感，我们将在下一章加以讨论。在决斗中被政府赦免无罪的武士会说“かたじけない”，意思是说：“接受了如此浩荡的恩情，我向您表示深深的谢意，我的行为导致了今天的局面，对此，我非常后悔，简直没有脸面见人。”

宫廷里身份地位低下的姑娘被选作领主的妾时也会说“かたじけない”，表示“您的恩德，令我受宠若惊，我配不上此般恩宠，感到非常惭愧”。此外，日本的老派店员仍会用“かたじけない”来表达对顾客的感谢，顾客赊账时也会说这句话。

这些说法比抽象的概括都更能体现出“恩惠的力量”。人们在社会公认的人际关系网中总是被巨大的欠恩感推动着，希望彻底报答他人的恩情，因此，人们在受恩时，心情很矛盾、难受，也很容易产生反感。日本著名作家夏目漱石的作品《哥儿》中，就对这种负面情绪作了细致的描绘。

小说的主人公哥儿是一个自幼在东京长大的少年，在一个小

1　汉字“忝”“辱”，在此乃受恩者自谦，“承蒙关照”“愧不敢当”之意。——译者注

镇上当教员。他与同事的关系比较生疏，因为他觉得这些人大多平庸。好在有一位年轻教师和哥儿成了朋友，相处得也很好。有一天，两人一起外出途中，那位新朋友，哥儿戏称之为“豪猪”的，请他喝了一杯价格 1 钱 5 厘的冰水，也就是 0.2 美元。

没过多久，哥儿听一位教师说，“豪猪”在背后讲他的坏话，哥儿相信了这个人的话，随后又想起了“豪猪”请他喝冰水的恩情。

“本来我是好心尊重他，才没有坚持付钱，而是满含感激之心地接受了他的‘恩’，虽然没有说什么，但这种真诚的感激是用钱买不到的。我虽没什么权势，但我至少也要保持独立的人格，现在看来，接受这种人的恩惠，就算只是一杯冰水，也是对我人格的侮辱。1 钱也好，5 厘也罢，这种恩情真让人心里不踏实，还不如让我还他 100 万日元呢！但我现在却要为了这 1 钱 5 厘，对他怀有超过 100 万元钱的敬意。”

第二天，他就在“豪猪”桌上扔了 1 钱 5 厘，算是还清了一杯冰水的恩情，只有这样，他才能接下来解决“豪猪”在背后说坏话的事情。也许他们会厮打，但不管怎么样，先要把恩情了结，这样就不必顾忌“恩情”了。

在美国人看来，对这些无关紧要的小事如此在意的人是那些精神病人或者染上恶习的不良少年，但日本人却视之为一种美德。日本的评论家认为哥儿是作者本人的写照，说“哥儿”是一个“心地像水晶一般纯净，性情刚烈，为正义战斗到底的勇士”。作者也说哥儿是自己的化身。当然，日本人也觉得，大多数日本人并不会像哥儿的想法那么极端。

这是一个体现了崇高品德的小说，受恩者应该把自己的感激看作和“100 万”具有同等的价值，只有这样想，并在此思想指导下行动，他才能脱离受人恩惠的处境。另外，愤怒的“哥儿”想起了多年来一直关照自己的老奶奶，他把“豪猪”与老奶奶的恩情作了一番比较，我们能从中发现日本人心理上的一些微妙之处，从而更好地理解他们对“恩”的态度。这位老奶奶对他爱护有加，觉得家里人都不关心哥儿，她经常私下送他一些彩色铅笔、糖果等小东西，甚至有一次还给了他3块钱。哥儿在接受时也有了欠恩的负重感，感到对这常年如一日的照顾心存愧疚，但是几年过去了，他也没有把钱还回去。

为何会如此呢？那是由于对象的不同，哥儿自己的解释是“因为我已经把她看成自己的一部分了”。这样看来，只要恩人是在自己的等级范围内，或是我们崇敬的人，又或是我们认为自己也能做同样事时，就可以坦然地接受恩情。但如果不是这些情况，“恩情”无论大小，都会带来痛苦，人们应为此感到难过，才是有德的表现。

日本人都知道，无论在什么情况下，当一个人背负了过于沉重的恩情，就很容易出现麻烦。最近的一份叫作《东京精神分析杂志》的杂志专栏里，就有一个很明显的例子，这个专栏就像美国的“失恋者信箱”一样，接受人们的咨询。下面这一则咨询问答，很能体现日本人的特点，毫无弗洛伊德的精神分析色彩。一位上了年纪的男性在征求意见时这样写道：

我是一个有3个儿子、1个女儿的父亲。16年前，我的老伴去世了，但我为了孩子们没有再婚，孩子们很赞同我的行为，把它当作一种美德。8年前儿子结婚时，我搬到了另一个地方，离家大概两三条街那么远。后来我遇到一个姑娘，她是一个暗娼，她向我倾诉自己的经历，我觉得她的身世非常可怜，就花了些钱替她赎了身。说起来有些不好意思，我和这个姑娘同居了3年，觉得她很有责任感，也很会过日子。后来我又把她带回家，教给她基本的礼仪，让她在我的家中做女佣。现在，我的孩子们都已经结了婚，有了自己的家庭，因为这件事，儿子、儿媳、女儿、女婿都瞧不起我，把我当作外人看待，我觉得这的确都要怪我自己，不能怪孩子们。

这些情况，那姑娘的父母全然不知，他们给我来信，说女儿已到适婚年龄，希望她早日回家准备嫁人。我和这个姑娘年龄相差很大，就像父女一样，我也想过把她送回家去。不过姑娘也对我说过，她愿意守在我身边直到我去世。我和她的父母见面说明情况之后，他们也同意让女儿留在我身边，就当作她已经死了，他们虽然生活很贫困，但也不是唯利是图的人。但是我的孩子们全都认为那姑娘是觊觎我的财产。

我长年生病，现在已经病入膏肓，估计只有一两年的活头了。我究竟该怎么办才好呢？希望您为我指明方向。另外，我最后要强调一下：那姑娘本性善良，品行没有什么缺陷，虽然她以前不幸落入风尘，但只是生活所迫，无可奈何，她的父母也不是唯利是图的人。

日本医生认为，这个例子很好地说明了当父母把自己对子女的恩惠看得太重时，会发生什么样的情况，他说：

您说的这件事很常见，对于您长期的独居生活，我表示深切的同情，我也很理解您的要求，它不过是出于人所共有的情欲。同时，我也理解您的子女，因为他们期望您能战胜自己的欲望，显然，您背离了他们的期望，也就不再是他们心目中理想的父亲。当然，他们自己在婚后满足了在性欲上的要求，对父亲的要求却加以拒绝，这的确是有些自私的。你们双方的想法很不一样，所以才无法达成理解。

但是我想说的是，既然您意志力薄弱，无法抑制情欲，我建议您直截了当地对孩子们说，您需要一个女人陪伴您的生活，这样他们就不必因您长期独居而感到内疚，可是您现在的行为却是过分强调自己所做的牺牲，还想利用子女们对您的感恩来让自己的行为看起来是合理的，我并非说您狡诈，但这的确令人反感，孩子们的反感也是很自然的。

从您的这封信来看，您好像试图让我站在您那一方，支持您的决定，这一点，我也感到有些不愉快。

至于您说那个姑娘和她的父母都很善良，这恐怕是您一厢情愿的想法。做父母的怎么会心甘情愿地让女儿嫁给一个即将过世的老人做妾呢？如果他们真的这样做了，那么必然是想谋求物质上的利益，因此我认为，即使那年轻的姑娘没想到这些，她的父母一定有此打算，您的孩子们担心他们贪图您的财产，这是再正常不过的想法了。您坚持认为并非如此，不过是不切实际的幻想罢了。众所周知，人的善恶与环境是分不开的，他们眼下没有追逐利益，不代表他们就是善良的。

您现在有两条路可走：

（1）做一个“完善的人”，抛弃私欲、无所不能，把那个姑娘安顿好之后就不再有任何来往，但是由于您的感情，也许做不到这样。

（2）“重新做一个凡人”，不必再矫饰、虚伪，打破自己在子女心中的光辉形象。

最后，请您不要忘记，自己已经步入老年了，从您的笔迹来看，我认为您在好多事情上反而变得孩子气了。您的想法与其说是理性的决定，不如说受到感情的驱使。您说自己把那姑娘救出苦海，但在我看来，她在您心里，已经代替了母亲的位置，我劝您选择第二条路，因为您恐怕已经无法摆脱对她的依赖了，就像孩子对母亲一样。

从这封信中，我们能看出很多日本人对“恩”的看法。不管一个人给了子女多大恩惠，或为此作了怎样的牺牲，以恩人的身份自居都是不正确的。他不应该自以为是地认为，在孩子们需要照顾的时候，自己奉献了一切，所以子女在长大之后，就应该特别照顾父亲。子女们不但不会这么想，还会因为意识到所欠的恩情而产生反感。父母也不能利用这种“恩情”来说明当前行为的合理性，因为他既然没能始终如一，孩子们就会有被辜负的感觉，并因此感到不快。另外，一个人要是选择让别人蒙受大恩，哪怕是自己的子女，他就很难改变这种做法，要想改变，就不得不冒险牺牲自己。

美国人在这件事情上，就会有完全不同的看法。我们的观念是，父亲在孩子失去母亲之后，贡献了自己的一切，这种牺牲很伟大，孩子们理应在父亲晚年怀着感激之心悉心照料，而不该产生反感的情绪。我们可以尝试用经济上的眼光来看待这个问题，因为二者有相似之处，这或许有助于我们理解日本人的判断逻辑。比如说，父亲非常正式地把钱借给孩子，规定他们偿本还息，我们会认为，孩子们反感父亲是很自然的。

明白了这种逻辑，我们也就能明白，为什么日本人对于施加恩惠的行为会产生反感，为什么“哥儿”如此看重一杯冰水的恩情，以及为什么他们接受别人的烟，不是直接说“thank you”，而是说“shame”。日本人不同于美国人，他们喜欢在衡量日常行为时也应用经济原则，无论是哈齐对主人的忠诚，偶尔请客的冷饮，还是丧妻的父亲为子女作出的牺牲，都是如此。美国人认为，爱、仁慈、善良这些宝贵的美德不应附加条件，但日本人却相反，一旦接受了别人的恩情，就成了负恩者，因而日本才会有这样一句谚语“只有天生慷慨的人才愿意承受恩惠”。

第六章

报恩于万一

接受他人的恩惠就相当于欠下了恩情债，人们必须偿还。但在日本人眼中，“报恩”与“受恩”属于全然不同的范畴，是两个不同的概念。他们认为“受恩”是一项重要而永久的债务，而“报恩”则必须是积极的、极其紧迫的偿还。受到他人的恩惠并非美德，“报恩”才是美德，为了“报恩”而积极献身，这就是美德的开始。

但在美国人的伦理观中，“受恩”与“报恩”各自的范畴常常不作区分。Obligation、duty 这类中性词会让我们忽略二者的界线，日本人对此感到非常奇怪，就像我们对于有些部落在进行金钱交易时使用的语言不区分“借方”和“贷方”感到奇怪一样。

对美国人来说，要想理解日本人关于这种美德的看法，可以参照一下美国对金融交易的观点，以及人们的拖欠行为会受到怎样的制裁。在美国，任何一个公民都必须履行合同条约，绝不允许哪个人巧取豪夺。贷款之后就必须履行偿还的义务，这是严格的规定，不涉及个人感情。债务人不仅要还本，还必须付息。

日本人的报恩思想就与此类似，它背后有着强大的约束力，就像美国清还债务和偿还抵押贷款利息一样。日本人有一个我们所没有的基本出发点，那就是每个人从呱呱坠地开始，就已经承受了重大的恩情。此后，报恩将伴随一生，它并不只是在两国宣战、父母病危这些关键时刻才凸显出来，而是像阴影一般时刻笼罩在心头，这就像是华尔街的资本家卖空后眼睁睁看着行情上涨，纽约的农民时刻担心着自己的抵押贷款一样。

在美国人的观念中，在涉及爱家、爱国时，不会像对待金钱债务那样计算清楚，也不像做生意成功那样获得回报。我们认为人应该同情、援助贫困的双亲，应该抚养自己的子女，不该对妻子施加暴力，这些与回报无关。我们觉得爱是一种心灵的感受，最高尚的爱应该是无条件的爱。爱国感就意味着我们要把国家的利益看得高于一切，但它与不完善的人的本性是不相符的，除非当美国受到了外敌的武力攻击，否则这种爱国感也只不过是一种堂吉诃德式的美好幻想罢了。

日本人把“报恩”分成不同的种类，每一类又各有不同的规则：一种是数量极大，报恩的时间持续一生的。这种“无限报恩”，也叫做“义务”，他们说的“难报恩于万一”也是指这一类而言；另一种是有一定数量，可以在一定的期限内还清。义务又分为两种：一种是“忠”，也就是报答“皇恩”，另一种是“孝”，也就是报答父母之恩。人们从出生之日起，就自动地承担了这两种义务，它们是每个人都必须履行的。在日本，小学教育是“必修”的，人们称之为“义务教育”，这是表达“必修”最合适不过的词。

所谓“义务”，就是自然而然存在的东西，超脱于偶发事件之外。尽管它会在某些细节上受到一些偶然事件的影响，但在整体上仍然保持相对稳定的状态。

日本人责任与义务列举如下：

一、恩：“恩”是指被动发生的义务。我们说一个人“受恩”“负恩”，都是从接受者的被动立场上来看待义务的。

皇恩—从天皇那里得到的恩惠。

主恩—从主人那里得到的恩惠。

亲恩—从父母那里得到的恩惠。

师恩—从师长那里得到的恩惠。

人在一生中，与各种各样的人进行交往时所得到的恩惠。

注：凡是对自己“施恩”的人，都是自己的“恩人”。

二、与恩情相对应的义务：从主动偿还的角度来看待义务，每个人都要偿还“人情债”，也就是向恩人回报恩情。

A. 义务：无论如何努力回报，无论过了多长时间，这些恩情都是无法还清的。

忠—对天皇、法律、日本国要尽忠。

孝—对父母、祖先尽孝，抚养子女。

任务—对工作尽责。

B. 情义：必须在一定时间内，以同等同量的方式回报恩情。

1. 对社会的情义。

对主君的义务。

对近亲的义务。

对施与自己恩惠的人的义务，从他人那里得到金钱、善意、工作上的帮助等。

对伯父、伯母、表兄妹、堂兄妹等，非近亲的义务。这并不是说这些人对自己有恩，而是念在大家共有一个祖先的缘故。

2. 对名誉的情义，相当于德语的“名誉”(die Ehre)。

当一个人受到侮辱或遭遇失败，他就有责任和义务通过报复或复仇的方式来为自己“洗刷”污名。这时，反击、报复行为并不构成对他人的侵犯。

遵守日本礼节规范的义务。根据自己的身份地位，采取合适的举动，遵守一切行为规范，不如意时克制自己的感情。

不承认自己在专业上失败或无知的义务。

“忠”和“孝”都是从中国引进的概念，这是日本从7世纪开始，不断吸取中国伦理道德体系精髓的成果之一，但日本人所理解的“忠”“孝”又与中国有极大的区别，他们认为这两种义务都是绝对性的，履行这些义务不需要任何前提条件，但在中国则不然。中国人的忠孝之上还有“仁”，即英语中的“benevolence”。它是“忠”“孝”之上的更高境界的美德，西方人观念中的一切美好和谐的人际关系都可以用这个词来表达。

在中国的伦理观念中，“仁”有着基础性的意义，有了它，才能发展出各种人际关系。“忠”和“孝”都要以“仁”为前提，皇帝要想巩固自己的地位，官员要想获得人民的服从，都必须施行仁政，统治者如果不仁，人民的反抗就具有一定的正当性。同样地，父母也必须具有仁慈之心。

在日本，同样有“仁”这个概念，日语中“仁”读“jin”，写法上与中国的“仁”一样。但不同的是，“仁”不在日本人的伦理道德体系中，也游离于法律之外。施行“仁”，也并非是那些地位高的人所必须具备的美德。在日本，提到“仁”时人们通常会联想到行善积德的事，比如对罪犯深怀同情，投身于慈善事业等，这些无疑体现了高尚的品德，但并不在个人职责范围内，即使不做也无可厚非。可见，“仁”在日本已经完全丧失了在中国伦理体系中至高无上的地位，也不再是“忠”和“孝”的前提。

杰出的日本学者朝河贯一在谈到中日两国在中世纪时期的差异时说：“由于仁的观念与天皇的绝对权威存在着激烈冲突，即使只作为学术理论，我们也从未全盘接受过这种观点。”

“行仁义”还有另外一层含义，它也指做法律规定之外的事，通常在地痞流氓这类人中间使用，是他们眼中的“道德”。比如在德川时代，有很多佩带单刀的盗贼匪徒（武士才能佩带双刀），干着杀人越货的勾当。当某个人违反了规则，向另一个团体请求帮助时，这个团体把他窝藏起来，以逃过他的同伙的报复，这种行为就被称为“行仁义”，盗贼匪徒们把它看作一种荣誉。

在现代，“行仁义”所使用的场合更加恶劣，日本人全然不顾“仁”在中国伦理体系中的崇高地位，对其进行重新阐释，以至于大加贬低[1]。“仁”在日本的现代用法中延续了流氓地痞中间流行的“强盗荣誉”的含义，常常在谈到惩罚不义或不良行为时使用。比如说，日本的报纸会这样报道：“现在，下等劳工‘行仁义’的做法仍然十分猖獗，警方必须加强管制力度，对他们进行严厉的惩罚，取缔这类黑暗中的不法行为。”

尤其值得注意的是，现代日本的那些小包工头们的行为也被称为“行仁义”，他们就像19世纪末，20世纪初美国码头的意大利工头那样，用非法契约约束不熟练的工人并利用廉价的劳动力获取高额的利润。

在日本没有任何其他内容可以成为“忠”和“仁”的前提条件，于是“孝”就成了一种无条件的东西。即使父母做了不义的坏事，不管是品德低下，还是使子女遭受不幸，子女都必须要容忍，继续孝顺父母，只有在“孝”违背了对天皇的“忠”时，人们才会放弃“孝”而选择尽忠。

日本现代有一部电影讲述了这样一个故事：有一位善良的乡村教师在家乡教书，他的学生当中有一个姑娘因为家境贫寒而要被父母卖到妓院，以应对荒年。这位教师得知了这件事后，就向村民们借了一笔钱，想挽救自己的学生，替她赎身。结果，教师的母亲知道这件事，竟偷拿走了村民的捐款。事实上，教师的母亲并不穷，她自己经营着一个规模不小的餐馆，经济上没什么困难。这位教师虽然知道母亲的行为，但出于孝道，只好自己承担

1 日本人在用“知仁”一词时，是比较接近中国的用法的。佛教劝人“知仁”，是要人们慈悲为怀、善待众生。但是，正如日语词典所说：“知仁与其说指的是行为，还不如说指的是理想的人格。”——译者注

全部的责任。他的妻子不久知道了真相，就写了一封遗书，说钱是自己拿的，然后抱着自己的小孩投河而死。

那位教师也在尽孝之后，为了让自己变得更坚强，一个人去了遥远的北海道，在那里磨炼自己的性格，希望以后能从容面对此类挑战。后来，事情被传开了，人们却都不去探讨这个家庭悲剧中母亲应该承担怎样的责任。

在美国人看来，这个教师无疑是个英雄、一个道德楷模，那个偷钱的母亲导致了整个悲剧的发生，但是我的日本朋友却强烈反对，说这是典型的美国人的判断标准。他说，片中的主人公，如果能找到一条既能保全孝道，又能保全自尊的方法，才是真正的明智之举。他说，孝与其他道德的冲突很常见，如果那位教师责备母亲的行为，即使只是在心里怨恨，也是日本的道德观所不允许的。

无论是在日本的小说中还是在现实生活中，我们都能看到青年男性在结婚以后，严格地履行“孝”带来的沉重义务。在一般的正经人家里，仍然延续着“父母之命，媒妁之言”的传统婚姻模式，只有个别观念现代的家庭才不这样做。

一般情况下，青年男女会在媒人的安排下见面，但并不交谈，双方的父母也陪同参加，这种见面是非正式的。家族对此非常关注，甚至超过了相亲的当事人。因为儿媳妇将要生育子女，为这个家族传宗接代，她的名字也会被记在家谱之中，当然也涉及经济上的往来。

有时父母会给儿子挑选一个品行良好的女子，儿子如果孝顺的话，就会服从父母的决定，在婚后也继续报答父母之恩。如果是长子，他就要继承家庭产业并和父母生活在一起，也有些父母看中女方的家世，想和名门联姻，尽管男方会付出巨大的花费。

众所周知，婆媳关系很难融洽，婆婆总是会对儿媳左挑右拣。纵然夫妻非常恩爱，关系良好，只要婆婆不满意，丈夫就可以把妻子赶出家门。在不少日本小说或自传中，都描写了这种妻子的艰难和丈夫的痛苦。丈夫听从母亲的安排解除婚约，也都是为了尽孝。

我认识一位居住在美国的日本妇女。这位观念现代的日本人曾给我讲述了一件她亲眼看见的事。

当她还住在东京时，曾经收留了一位被婆婆赶出来的年轻孕妇。因为她与婆婆关系不好，所以尽管丈夫百般不舍，她还是不得不离开丈夫。她当时病情严重，又遭遇打击、心力交瘁，却对丈夫毫无怨言。后来，她渐渐觉得，即将出生的婴儿就是她全部的期望。然而，孩子刚刚出生，婆婆就来索要，儿子跟在母亲身后，只是一味顺从。由于孩子是属于婆家的，无奈之下，也只能让婆婆带走。没想到，婆婆随后就把孩子寄养到了别家，不闻不问。

上述的这些例子，如果放在美国来讨论，人们就会认为这是外界对个人追求幸福的一种干扰，但日本人绝不会这么看，他们认为这些都是孝道之内的行为，也就是子女必须偿还的父母之恩，这种对父母“恩情债”的偿还对他们来说是生活的第一要务。

日本人以歌颂的方式来讲述这些故事，歌颂那些有着良好品德的人是如何意志坚定，从容面对人生的种种苦难，以及怎样用努力为自己赢得尊严。这就像美国人讲述一个正直诚实的人，如何历经艰难困苦最终还清了债务一样。

可是，这些看起来崇高的困难，终究还是会引起人们的负面情绪。这一点我们可以从亚洲“令人憎恨的事物”中看出端倪。比如缅甸最令人憎恶的是“火灾、洪水、官吏、坏人”，而在日本，却是“地震、打雷、老人（如一家之长、父亲）”。

许多作家都曾提到过，日本人不喜欢抽象的思辨，对非现实形象的构建也不感兴趣。这一点也体现在他们的孝道观上，这种观念对于现实生活最重大的影响就在于，它把“尽孝”的义务限定在现存者的范围之内。不同于中国，日本在“尽孝”时，不会追溯到几个世纪以前的祖先，也不包括同一祖先繁衍下来的庞大宗族。日本人头脑中的祖先仅限于较近的先祖，每年日本人都要把墓碑上的文字重写一遍，确认其身份，对于现存后代已无记忆的祖先，就没人关心他的墓碑，他的灵位也不会出现在家里的神龛上了。

日本与中国对“孝”的认识的共同之处是，它除了包括要敬重服从父母和先人，还包括要精心照顾子女。日本人对此深信不疑，他们认为，像父母照顾自己一样精心照顾子女，就是报答父母和先祖之恩的最好办法。而西方人往往把抚养子女归因于母性的本能和父亲所拥有的责任感。

日语中没有专门的词汇来表达“父母对子女的义务”，因为对父母和先祖的“孝道”已经涵盖了这项义务。事实上，“孝道”所包含的义务相当广泛：抚养子女；管理财产；让儿子、弟弟接受教育；给予困境中的亲戚一定的帮助以及其他无数类似的义务。由于家庭的制度化，日本家庭内有各种规范来限定具有义务的人数。比如说，如果儿子死了，父母要抚养他的遗孀和子女，如果女儿死了，也做同样的处理，至于是否收养丧偶的外甥侄女，就不涉及“义务”的问题。

但是，履行义务并不意味着热情和友爱。比如说兄弟之间彼此厌恶，水火不相容时，尽管他们仍然要相互履行各自的义务，但并不一定非要互相关爱，履行义务这件事本身就足以为他们赢得称赞。同样，人们也不必怀着多大的敬意或者仁慈去援助那些贫困的直系亲属。最明显的例子莫过于家中的寡妇了。她们被称为“冷饭亲戚”，也就是说她们总是吃冷饭剩菜，她们和她们的子女都是穷亲属，对于家中关于她的一切决定，她都必须恭敬地顺从，家中的任何人都可以支使她做事。家中的家长没有必须善待她们的义务，当然，有时她们也能得到不错的照顾。

由于媳妇对家庭来说是个外人，因此婆媳之间的相处总是很困难。很多时候，婆婆都会毫不客气地说，儿媳根本配不上自己的儿子，当然，我们可以猜想这在一定程度上是婆婆的嫉妒心理在作怪，但是日本也有这样一句谚语“可恨的儿媳照样生出可爱的孙子”，所以婆媳之间也存在“孝道”。

年轻的儿媳妇总会温顺贤良，她们会努力了解婆婆的好恶，按照婆婆的意愿来做事，即便受了委屈也不会反抗，但这并不意味着她们就真的如此温顺，等多年以后她们自己做了婆婆，也会变得非常苛刻，对儿媳吹毛求疵，好像是在新儿媳身上发泄自己多年的怨恨一样。现在，很多日本姑娘都说不太希望嫁给长子，因为她们不想和霸道专横的婆婆住在一起。

在有些文化中，大户人家的道德规范是建立在“慈爱”的基础上的，但在日本却不是这样。日本家庭重视的是义务、报恩和责任，年长者承担的责任重大，其中之一就是监督年轻人在必要的时候作出牺牲。晚辈则必须服从长辈的命令，不管他们有多么不情愿，因为只有服从才是履行义务的表现，因此，“慈爱”并不一定能伴随着“尽孝”的行为而产生。

一位日本作家曾说：“日本人非常重视家庭这个整体，也正因如此，他们不太关注家庭中的个别成员，也不太重视联系家庭成员的纽带。”也许不完全是这样，但他描述的情况是非常真实的。

日本的孝道还有一个特点，那就是在家庭成员之间，互相怨恨的情绪非常明显。这种现象在与“孝”同等的义务——也就是对天皇尽忠这个义务中根本不存在。

在日本的封建时代，“尽忠”主要是指忠诚于作为世俗首领的将军。在过去的几百年间，虽然人人必须忠于将军——他既是最高行政权力的掌握者，又有着强大的军事力量，却仍有很多人试图推翻他的统治甚至杀害他的生命。那时，效忠将军与效忠领主之间经常存在矛盾，而由于对领主的忠诚建立在直接的主从关系上，它就比对将军的忠诚强制性更大。相比之下，对将军的忠诚也就淡漠一些。在动荡的年代，武士家臣也会逼迫将军退位，然后拥立自己的领主进行统治。这些漫长的历史都给了明治的领导者们不小的启示，他们知道何种措施有利于他们在新的历史转折点中实现目标。

在明治改革初期，政治家们去西方各国考察后认为：西方国家的历史进程很大程度上是由统治者与人民的斗争冲突来推动的，但这与日本精神不相符合。回国后，他们在宪法中写道：“天皇神圣不可侵犯。”700年以来，天皇从未真正行使过实际统治的权力，他不是承担责任的国家元首，不对国务大臣的任何行为负责，他是日本团结统一的最高象征，因此天皇只需要继续扮演这样的幕后角色，这是很容易的。明治政治家要做的唯一工作，就是在全体国民心中确立起“对天皇尽忠”这个至高的美德。

这些改革家们认为，仅仅把天皇当作“国家之父”是不够的，因为虽然家庭中的每个成员都必须履行父亲要求的一切义务，但是他们并不一定尊敬他。因此天皇必须是个圣人，他超脱于一切琐事俗务，远离喧嚣的世俗生活。对天皇的忠诚作为最高的美德必须是对品行高洁、不食人间烟火的“至善之父”的虔诚仰慕。

只有这样，天皇才能动员全国上下，团结一致为国家效命。

为此他们精心安排，把天皇塑造成了一个“神圣领袖”的形象。100年来，明治维新的先驱者们打着“忠于天皇”的口号，与幕府进行激烈的斗争。最终他们取得了胜利，对天皇的忠诚取代了对将军的忠诚，因此明治维新是“尊王派”的成功，1868年的事件才称为“王政复古”。

战争期间，天皇始终居于深宫之中，每个人都可以按照自己的想法塑造天皇的形象。1868年以后，天皇仍然扮演幕后的角色，他既不参与决策，也不管理政府或军队，他把权力交给“阁下们”，仍然有一批经过精心选拔的顾问来处理国家的各项事务。但是日本人的精神领域却发生了根本性的变化，人们尽忠的对象已经变成了象征日本统一与永恒的“神圣首领”——天皇。

为什么“尽忠”的对象能够如此轻而易举地转移到天皇身上？毫无疑问，民间的古老传说，即皇室是“天照大神”的后裔，起了很大的作用。但这个传说中所涉及的神学观点并没有西方人想的那么重要。

有些普通民众相信天皇是神的后裔，但他们对神的理解也与我们不同。他们认为人与神之间并不存在多么大的界限，每个人死后都会变成神，“神”(カミ)，也就是英语中的“god”，它最基本的含义是“首领”，也就是等级制的顶峰。在封建时代，人们效忠的等级制首领就与神没有任何联系，至于那些完全否定神学观点的知识分子，也不会在“效忠天皇”的忠诚问题上产生疑问。

日本皇室还有一个重要的特点，那就是在日本的整个历史中，始终只有一个皇室家族继承皇位，即“万世一系”。日本社会虽然不免有一些变迁，但社会组织并未瓦解，运行模式也从未改变，这与历经36个朝代的中国很不相同。当然，也许有人会说，日本的皇位继承规则与英国、德国都不一样，不过是骗人的把戏，但这种指责是没有意义的。根据日本所独有的规则，日本的皇室就是“万世一系”的。这一点是“忠”的对象得以转移到天皇身上的一个极其重要的因素。

在明治维新之前的一个世纪，德川势力也是把这一观点，而非天皇神裔论作为反抗的依据的。他们说既然要效忠于等级制的最高首领，那么除了天皇其他人都无此资格。他们把天皇抬高到国家主祭者的地位，但这并不是说就一定要带上神学色彩，比起神裔论，“万世一系”说更有说服力。

在近代，日本实行了不少措施，试图把“尽忠”的对象转向具体的人并特指天皇本人。明治维新后的第一位天皇就是一个极好的例子。他在位期间很好地展现出了君主的威仪，取得了突出的成就，自然而然地受到国民的敬仰和爱戴。

他很少出现在公众场合，仅有几次的出现，都布置了隆重的仪式，国民对他极尽崇拜。臣民们都对着他行最高的跪拜礼，没有人敢抬头正视天皇，也没有人敢说话。二楼以上的窗户都被严密遮蔽，以保证任何人不会从高处俯视天皇。同样，等级制也体现在他与高级顾问的往来中。日本没有天皇召见执政官员的说法，只能说少数有特权的“阁下”们，“奉诏拜谒天皇”，天皇的诏书内容一般是道德、节俭方面的，或者在某件事情解决后，他下诏来安抚民心，从不涉及有争议的政治问题。当他将要驾崩时，所有的老百姓都为他虔诚祈祷，全日本都仿佛变成了一座大寺院。

通过这些手段，天皇成了一种纯粹的象征，他是“神圣不可侵犯”的，不会受到国内任何政治纠纷的影响。就如同我们对待星条旗一样，无论国内的政治形势如何，我们都要用一定的仪式来表达对国旗的忠诚。不同之处在于，我们认为，这种仪式对于任何人来说都是不适用的，但日本人却能很好地利用人们对天皇这个最高象征的崇拜。

日本的文化以人际关系为基础，把天皇作为忠诚的象征就比国旗的意义更大。人们对天皇的敬爱能够得到天皇的回应，国民们听说天皇“关心国民”就会感动得热泪盈眶，为了“让陛下放心”，他们愿意献出自己的生命。教师在受训时，必须说人的最高义务是回报“皇恩”，而不应说是“爱国”。

在臣民与天皇之间，建立起了“忠”的双重体系：一方面，臣民不需要借助任何媒介就可以直接对天皇效忠，这是通过实际行动来体现的；另一方面，天皇的敕令需要经过各层的大臣，才能最终传到国民耳中，而且天皇的御旨对人们忠诚的感召力和强制力是其他任何事物所无法替代的。

罗里曾讲述过这样一件事，在一次平时的军事演习中，带队军官出发前下令：任何人未经允许不得喝壶中的水。日本的军事训练非常重视极困难条件下的行军能力，那一天军队连续行军五六十里，中途没有休息，结果有20多人因口渴和疲劳而倒下，5人死亡。打开他们的水壶一看，里面的水丝毫未动，因为“那位军官下了命令，他的命令就代表天皇的旨意”。

在日本人看来，遵守法律、服从管理就是对“至高恩情”，也就是“皇恩”的回报。民政管理中的一切内容，从纳税到丧葬都是人们“尽忠”的范围，警察、税吏、地方征税官员都是臣民尽忠的中介者。这无疑与美国人的观念大相径庭。美国人把任何新的法律，无论是关于所得税还是汽车尾灯的规定，都看成是对个人自由的干涉，因而常常会产生抵触情绪。联邦法律更是因它对各州立法权的干涉而遭受双重怀疑，人们都认为那是白宫和它下属的官僚集团强加在公民身上的。美国人为了保全自尊心，就不断地反对这些法律。

因此，日本人说美国人简直是无法无天，美国人则认为日本人是一群没有民主观念的顺民。当然美国和日本的观念各有其弊端，对于我们来说，有些法律即使对全体人民都有好处，人们也不愿意接受；在日本则是，人们一生都要活在报恩的阴影之下，这对于任何人来说都不是一件容易的事。

推究这些差异产生的原因，我们认为更符合实际情况的说法是两国国民对自尊心的认识不同。我们的自尊心来自于能够自己处理某些事，而日本人的自尊心则来自于对恩人的报恩行为。在某些时候，日本人也许能找到一个途径，既不违反法律，又能回避苛求。与美国人不同，日本人甚至对暴力，直接的私人复仇持赞赏的态度。尽管有着这样或那样的限制因素，但确定的是，“忠”对人们仍有着强大的约束力。

1945 年 8 月 14 日，日本投降日当天，“忠”在全世界展示了它难以置信的威力。我们根本想象不到，在天皇发表了讲话之后，战争就立即停止了。不少对日本有过了解，和日本人打过交道的西方人士都坚持说，亚洲战场和太平洋岛屿上的日本军队是绝不可能投降的，要是幻想他们会这样做，那就太过天真了。日本军队至今仍对自己发动战争的正义性深信不疑，许多部队还从未在局部战争中失败过，日本本土各岛上的军队更是顽强抵抗，占领军的一些小规模先头部队如果进入了舰队大炮的射程以内，就随时有可能被杀害。日本这个好战的民族，在战争中好像什么都不怕。

这些评论家们显然没有考虑到“忠”的作用。尽管当时有些顽固的反对者为了阻止停战诏书的公布甚至包围了皇宫，然而，诏书一经公布，无论是日本国内的抵抗者们，还是身在满洲里、爪哇前线的指挥官们，无一例外，全都听从了命令。甚至当美军在机场着陆时，日本国民还礼貌地欢迎我们。一个外国记者写道：早上着陆时我还把枪紧紧攥在手里，中午就把它收起来了，到了晚上，我就悠哉地出去买东西了。就在一周之前他们还为了报答皇恩，发誓即使只有竹枪也要击败敌人呢，现在他们就要以和平的方式，来“让陛下放心”了。

如果我们能明白一个道理，即在不同的群体中，支配人类行为的情绪是不同的，我们也许就不会感到日本人态度的转变有那么难以理解了。有些人说，除非日本民族灭亡，否则别无他法。也有一些人说，必须要推翻现任政府，让自由主义者来进行统治，只有这样，日本民族才能得救。这两种说法有一个共同的错误，那就是把日本当成了一个全力以赴、全民支持打赢战争的西方国家。提出这两种方案的人是以西方人的行动方针来推测日本的。甚至在和平占领几个月后，还有一些西方人说：所有的机会都已经没有了。因为“日本根本不懂他们已经被打败”，日本没有发生像西方国家那样的革命。这种观点也是西方社会哲学的观点，是以西方的真理标准为基础的。但日本不属于西方国家的行列，他们对于占领行动，不会用搞破坏的方式反抗，也没有发动革命——西方人眼中的最后力量。日本有他们自己的方式：在他们的战斗力还没有完全被摧毁的时候，他们就把无条件的投降看成是“尽忠”的巨大代价。在他们看来，尽管代价巨大，但他们毕竟获得了自己认为最重要的东西。他们会说：这是天皇的旨意，就算是投降，甚至战败投降，对天皇尽忠仍然是最高信条。

第七章 『最难承受的情理』

人类学家认为日本人常常挂在嘴边的“情理”不同于世界上其他任何道德规范。这种观念并不多见，只有在日本它才表现得最为突出。日本的许多文化和理念来源于中国，类似忠和孝，它们在整个东亚地区影响甚大。它们传入日本后，日本人曾对此进行了独特的阐释，然而本质上仍然属于以中国为首的东方文化体系的一部分。但是，“情理”却并不是中国儒教和印度佛教的产物，而为日本所独有，它在日本人的心目中代表着一个完整的义务体系，这个词在英语中甚至没有与它意义完全对等的词语。

日本人将情理看作一种必须完成的义务，贯穿于生活的各个部分，不管是讨论行为的出发点、维护个人名誉，还是人们被困险境时的谈话，都有“情理”的成分，这就是日本人行事的方式，要想深入透彻地了解他们，必须从这个词入手。

情理这个体系非常庞杂，囊括了从报恩到复仇的一系列过程，这就是西方人对它全部的印象。这样模糊的理解并不全面，却没有一个日本人站出来将这个词解析清楚。事实上，日本人自己也无法精准地说出这个词的具体含义。他们的字典里根本没有能透彻分析这一词语的词条。

我曾在一本日语的字典里看到过这样的解释：“情理”指的是人们不应违背的正义的途径。人们完成它是为了免遭旁人议论，而并非心甘情愿。这样简单粗浅的解释让我们明白，“情理”并非义务。“义务”代表的是责任，这种责任包含着对亲人、祖国的热爱和对行为方式和爱国情操的尊重，这种天生的坚不可摧的联系使人们甘愿去完成。它的定义里面绝不包含强迫的意思，哪怕确实有某些具体的“义务”让人不快。但是，“情理”的定义中却充满了勉强的意味，人们不愿欠别人人情，因为这样的债务会让人左右为难。

我将情理分成两类，第一类叫“社会情理”，它侧重于对周围人的报答，基本可以算作履行契约关系；第二类叫“名誉情理”，一定意义上相当于德国人口中的“荣誉”，指的是人们维护名誉而不得不做的事情。举个例子，人们赡养自己的直系亲属是义务，而负担配偶的直系亲属就是情理，这就是说，义务侧重的是个人的责任，是个人理应承担的。在夫妻关系中，人们将岳父岳母、公公婆婆都称作父亲、母亲，但是这只是情理上的父母，并非真正的父母，正如我们将表兄弟姐妹和堂兄弟姐妹也当作自己的兄弟姐妹。

婚姻是两个家庭之间的契约关系这一点毋庸置疑，但是在日本人的观念中，如果将这种对自己直系亲属的义务应用到配偶的亲属身上，就属于情理的范畴。人们小心翼翼地履行情理内的义务 。因为“不讲情理”对日本人而言是一种可怕的责难，无论代价是什么，他们都必须避免这样的评价落在自己身上。

这样的情理在儿媳对公公婆婆、女婿对岳父岳母的关系上表现得最为明显。儿媳妇必须尊重婆婆的意见，因为在日本人看来，儿媳生活在一个没有养育过她的家庭里。女婿虽然不必对岳父母言听计从，却要在他们遇到困难的时候立即施以援手。但是同样的情理在子女对父母的问题上却不存在，因为子女赡养父母是他们爱父母的表现，与情理无关。这就是说，如果一个人是在真心诚意地付出，那么他的所作所为就不属于情理。

姻亲家庭的义务最明显的体现是“入赘”。“入赘”指的是只有女儿的家庭为延续家族姓氏，挑选一个男人让他以女人出嫁的形式嫁到自己家，成为其中一个女儿的丈夫。这个入赘的女婿就不能再用他原本的姓氏，而要用他岳父的姓氏，他本人的名字将从自己原本家族的族谱中删除。从此以后，他服从岳父母的决定，死后也葬入女方家庭的墓地里，就像普通家庭中儿媳妇的角色。

日本人对“入赘”基本没有什么好感，社会上对入赘的女婿表现出相当程度的不屑和鄙夷，他们有句谚语说：“只要还有三合米，绝对不会想入赘。”三合就是一夸脱，意思是说只要有办法生存，没人甘愿入赘别家。入赘女婿所要承担的情理繁重不堪。日本人并不像美国人那样直率地说这根本不是男人该干的事情，而只将它归入情理上的义务，这样的立场多少带着点沉重和不甘。但是，尽管并没有得到人们的好感，入赘的形式依然存在，并且最能体现出日本人那种情理的观念。

入赘一般都是由于女方家庭没有男丁，但是更多的情况下它是政治联姻的手段，涉及利益的具体划分。政治联姻有三种形式：第一种情况是男子为攀附门第，带着钱财进入那些社会地位高却贫穷的人家；第二种情况是男子放弃身份去富裕的女方家庭，以接受更好的教育；第三种情况是女方的父亲为找寻生意上的合作伙伴，与男子的父亲约定，用后辈的婚姻来加强这种合作关系。

不管是哪一种情况下入赘的女婿都要承担相当多的情理，这样的关系一旦确立，他就必须担起相应的责任。为了取得新家庭的尊重，就算是在战争中与自己的亲生父亲狭路相逢，入赘的女婿也要听从岳父的意见杀掉生父而毫无怨言，这样的事情在封建时代屡见不鲜。而近代明治时期的政治联姻最为普遍，这样广泛而沉重的情理负担将女婿与岳父绑在一起，双方共同来承担风险。

中国人说的“孝”涉及的范围很广，不仅包括父母、祖父母等直系亲属，对于伯父伯母、舅舅舅妈或者一些远支长辈同样有应尽的义务。甚至血缘关系更远的亲属都是“尽孝”的对象。但是，日本人“孝”的领域相对窄了很多，它只将对父母和祖父母的赡养定义为义务，除此之外的亲属全部归入情理的范畴。

对于这些情理上的亲戚，人们只因同出一支血脉的缘故才愿意去帮助他们，而并非受到过这些亲属的恩惠。日本人不会认为抚育自己的孩子是出于情理，就像他们也不认为帮助远亲是义务一样。这两者虽然出发点可能没有区别，但是人们对它们的归类却泾渭分明。要是人们迫不得已必须给予这些远方亲属以帮助，他们只会认为自己是被情理束缚住了，正如帮助姻亲时他们的态度。

日本人所理解的情理，传统意义上指的是热爱名誉的武士对君主和同伴的忠诚，以这种忠诚为基础的情理与责任感密切相关，比姻亲关系的地位更高。人们在文学作品里普遍赞扬对情理义务的履行，后来这种情理逐渐成为武士精神的一部分，人们将这种情理看得比对将军尽忠的义务更重要。这样的意识在德川氏统一日本后才逐渐消亡。

12 世纪源氏将军手下的一位大名曾经庇护着一名敌军的首领。源氏得知后，要求手下大名交出那位敌军首领，但大名写信给将军，明确表示拒绝将人交出，对将军强人所难的做法十分鄙夷，他认为将军无权命令他做违背情理的事情。他在信中说，他坚信武士的情理超越了将军的权力，是永恒的真理，因此他不会以忠诚为名背叛情理。

这样的故事在今天日本社会上的能乐、歌舞伎和神乐舞蹈里面仍很常见，它们都是根据古代流传下来的武士精神改编而成。

其中 12 世纪的浪人英雄弁庆的故事最为典型。弁庆力气过人、桀骜不驯，他为了得到武士的装备，经常藏身于寺庙杀死过路武士，拿走他们的刀剑。后来他碰上一位年轻领主，那人虽然武艺一般，但是气质高贵。弁庆很快就发现那是日本人都爱戴的源义经，是源氏后裔，他正积攒力量准备恢复家族往日的辉煌。

弁庆对义经景仰已久，选择了忠诚地为他服务。此后，弁庆成了源义经最得力的帮手，功勋卓著。然而，在一次战斗中，义经他们因为寡不敌众，被迫与家臣们一起撤退。他们假扮成寺庙的僧侣，在日本国内四处化缘来打探消息。为了掩护义经的身份，弁庆乔装成领队，而将义经伪装成一个小随从。他们就这样利用假造的身份和捐赠簿名单顺利通过了所有的盘查。

只有一次，义经身上散发出的高贵气质引起了敌人的警觉，他们追回这群人继续查看。这时，弁庆急中生智，随便找了个理由故意责打义经，敌人立即消除了疑虑。因为作为一个随从，绝对不敢这样教训主人。敌人因此坚信眼前的人并非义经，就放他们离开了。而弁庆一来到安全地带就赶紧向义经请罪，这样的大逆不道足以让他死无葬身之地了，但是义经仁慈地原谅了他。

今天的日本人无比怀念这些故事发生的年代。那个时候人们践行“情理”心甘情愿，没有一丝被强迫的感觉。当时的人们的内心还没有受到嫌恶的污染，能够在“忠”与“情理”二者中毫不迟疑地选择后者。这种在封建社会发展起来的情理作为一种直接的人际关系，受到人们的尊敬和重视。“懂情理”指的是君主和臣下的互相照顾，一方给予保护，一方给予忠诚，而“报答情理”则意味着臣下主动将生命付出以搭救那些曾对其施以恩惠的君主。

但这不过是一种理想的情景罢了，武士被当地大名收买背叛情理的事则更为常见。而且我们在下一章中还将介绍一种更为重要的情况，即家臣遭到君主的侮辱不仅可以背叛君主，还能直接去敌人的阵营。这对日本人来说也是理所当然的。

对日本人而言，复仇和忠诚都属于情理的一个方面。它们正如一块盾牌的两面，在日本得到国人同样程度的赞扬。日本人认为忠于君主很重要，爱护自己的名誉也同样重要，为名誉而战是再值得不过的事。

如今，日本人经常说“我出于情理才同意这段婚姻”“我出于情理才同意介绍工作给他”“我出于情理才愿意见他”这样的话。不仅如此，他们还常说，“被情理阻碍”“被他用情理逼迫”。这样的话翻译成英语为“I am obliged to it”。这种种表现都说明所谓的“报答情理”早就失去了原来的意思，它指的是人们被迫承担的各项责任，而“忠于君主”对如今的日本人而言，不过是南柯一梦罢了。那些往日故事中得到赞颂的美德正逐渐消失，人们用这样包含怨憎的语句来反抗情理的压迫。

事实上，在这些事情中，舆论的力量十分重要，人们总是害怕受到非议，因此不得不勉强去做那些本不愿做的事情以报答对方曾经的恩惠。受到情理胁迫的社会群体很广泛，从农村小商店店主到钱权两握的上层社会无一例外。一个破产的人可以利用两家的交情与对方的女儿结婚，从而让岳父与他分担欠账的压力，一个穷人想要得到地产也可以用这种方式不劳而获。没有人会担心这样的要求会被拒绝，因为人们都不愿承担违背情理的罪名。要是有人真的这样做了，他就会被周围人的指指点点，落得一个坏名声。所有这些说法都暗示着人们面对“情理”时的勉强和对情面的顺从，就像词典里给出的解释一样。

日本人总是被情理胁迫，他们认为不去完成那些情理要求的义务就会受到人们的非议，这种舆论的压力使人们别无选择。英语将“对世人的情理”译为“conformity to public opinion”，意思是迫于舆论的压力，而将“出于情理不得不做”解释为“People will not accept any other course of action”。这里就能明显看出情理和摩西十诫的不同，它不像后者那样是一组强调道德的准则，认为人们对待他人要有发自内心的容忍和忍耐，而是侧重于严格要求报答。日本人会在情理和正义发生冲突的时候放弃正义，只是碍于情理没有其他选择，这样的准则和“爱别人就是爱自己”根本一点关系都没有。

为了更好地了解日本人生活中的态度，最好将他们在情理上坚持的原则与美国人偿还贷款时的态度作对比。

美国人将银行还款及利息这样的事情看得比较重要，认为经济交易中对借债人最严厉的惩罚就是宣告破产。日本人会严肃地看待回复信函是否及时、收到礼物后是否有回赠或是否对别人的告诫有适当的回应这些事情。这些在他们心中，就像美国人还款一样严格。日本人认为人们不去报答情理，就等于宣告自己的人格破产。通过对比，我们能够明显地看出来日本人和美国人对待生活的差别，美国人对这些细枝末节并不在乎，日本人却表现得更加严肃谨慎。这说明他们面对复杂的社会环境时，显得更加小心谨慎。

日本人对情理的回报讲究数量上的精准，这与美国人还债的态度非常相似。“情理”和“义务”的不同在这里表现得非常突出，“义务”是无休止的、永远无法完成的，而“情理”则是有数的、能够还清的。

在美国人眼中，日本人总是对别人施与的恩情给予远超于它的回报，但是日本人自己却并不这样认为。日本人互相之间赠送礼物的习惯有一些让人费解的地方，他们每年都要两次购买礼物去答谢6个月前收到的馈赠，雇主每年都收到雇用女佣家里送来的答谢礼。不过，日本人不愿意被人说成“以小换大”来赚取礼物，因此回礼最好不超过别人赠礼的价值，对情理的报答同样遵循这个原则。

人们总是将劳务和物品上的来往详细地记录在案，保存在村长、合作组或家庭及个人那里，这是农村里的习惯。如果村里有人逝世，那么人们基本都带着“奠仪”参加葬礼，关系较近的亲属则要给丧家送做幡用的彩色布匹；邻居都来出一份力，女人和男人都忙于做饭和挖穴制棺。

有一些往来中间会间隔很长时间，例如须惠村村长留存的账簿中详细记录了村人曾经的帮助，这对死者家属来说弥足珍贵。要是别人家有丧事的话，他们也要按照名单上的记录来还礼。此外，在葬礼中的短期往来则主要表现为互相宴请。比如丧主负责宴请那些帮忙的人，而帮忙的人会给丧主送来大米作为宴资。生活交往中涉及的情理都要被记录下来，当作日后回报的依据，无论是出生死亡，还是插秧、盖房和联欢等，都是如此。

日本人情理上的债务会随着回报时间的拖延而增加，就像西方人借债的利息一样。艾克斯坦博士在与日本制造商交易的过程中对这一点体会很深。曾经，艾克斯坦博士接受了一位商人邀请，去日本搜集野口英世的资料。他很快完成了这一任务，回到美国写成传记手稿寄到了日本。但是，时间过去很久，并没有消息传来，艾克斯坦博士以为是书中某些地方处理得不够好，便去信询问，但结果信件如石沉大海。

过了好几年，这个制造商来到美国的时候，联系了艾克斯坦博士，并给他带来了几十棵日本樱花树。制造商认为博士并不是要求自己在当年即刻报答，这才间隔如此之久，但是他又觉得这样过意不去，因此带了足够体面的礼物来答谢。

第八章

洗刷污名

避免名声受到损害而履行的义务称为“名分的情理”，它包括许多美德。日本人并不像西方人一样觉得这些美德有很多互歧之处，反而将它们看作一个统一的整体。原因在于名分上的情理是维护名誉的需要，并不涉及报答恩情的问题。因此，它包括实行并维持一定的礼节，哪怕它们十分繁复，为的是通过这些礼节表明等级，让人各归其位。此外，它还要求人们可以承担痛苦，有能力保持自己在专业和技艺上的名誉。与此同时，名分的情理还强烈反对诽谤和侮辱，受辱的人有权利向实施这种行为的人复仇，甚至通过自杀来恢复清誉。这两个极端的方法之外，还有许多温和的解决办法，但是对每件事都采取中庸的态度显然是不行的。

日本人将名分上的情理简单解释为除报恩之外的情理，他们的语言里也没有与“名分的情理”意义完全对等的词语。西方人总是将“对世人的情理”和“对名分的情理”分别理解为感恩和复仇，并且认为这两种行为水火不容。但是日本人却认为，在同一种美德内部，对善意和恶意的回应可以并存。这就是说，对“世人的情理”并非单指对善意的回报，而对“名分的情理”也不是总意味着复仇。日本人正是在这一基础上对情理进行分类。

对名分的情理作为一种美德，在日本人看来包含着报恩和复仇两方面。一个真正信奉正义的人受到侮辱会反抗还击。这种感情的强烈程度，与他得人恩赐想要报恩时的感情一样。日本人并不像我们一样将二者区分得如此清楚，他们只是简单地将二者称为侵犯和非侵犯。而对于是否侵犯的界定，他们也有自己的理解。日本人认为，出于情理维护名誉的行为并不属于侵犯，而是对过去的清算。只有那些情理之外的事情才是侵犯。鉴于此，他们认为侮辱、诽谤和失败必须得到清算，否则这世界就不平衡，而这正是一个信奉正义的人应该去做的，它象征着人性的美德。欧洲历史上也曾有过像日本这种涵盖了感激和忠诚的名分情理，文艺复兴时期意大利的道德、古典时期西班牙的 el valor Espanol（西班牙的勇敢）、德意志的 die Ehre（名誉）以及百年前欧洲普遍流行的决斗的潜意识里面都有同样的因素。

强调恢复名誉的道德观在日本或者西欧国家都是一样，它的核心一定凌驾于物质利益之上。人们觉得最高尚的人都是那些放弃钱财、家庭和生命去维护名誉的人，虽然他们损失掉巨大的物质财富，但是这种难以用利害得失来评价的精神正是道德这个领域所应该要求的，并且国家宣传倡导的精神价值也以此为基础。与此形成强烈对比的，是美国人的拼命争抢和直接反抗。美国的政治和经济交往并不限制既得利益的保留，却将获得新的物质利益当作一场战争，但是这并不包括肯塔基山中居民之间的长期斗争，因为那里的战争主要是为了维护名誉，属于“名分上的情理”。

不是所有亚洲大陆上的国家都存在这种“名分上的情理”和由它而来的复仇情绪，这种情感在中国、暹罗和印度都表现得不够明显，说明它并非东方人都具有的一般特征，而是日本人独有的。日本人对名誉过分紧张并将它看作高尚理想的组成部分，这让中国人觉得十分荒谬，因为同样的行为被中国人理解为所谓的“小人”，在他们看来，即便曾经遭到侮辱，采取突然行动大肆报复也是不对的，更不会为了揭穿诽谤者的言论而大张旗鼓。暹罗人和中国人一样，不会对侮辱表现得过分紧张，也不会觉得这有损于自己的名誉，而是将诽谤者置于进退两难的境地，认为如果要揭露一个人的卑鄙无耻，最好的办法就是忍耐。

日本的道德背景包含着广泛的非侵犯性，要全面理解“名分上的情理”的含义，必须以此背景为基础。事实上，“名分上的情理”除特定情景下的复仇情绪外，还讲究沉着机智、有节制的行为。女人生孩子时忍受痛苦而不叫喊，男人临危不惧，水灾发生时人们不哭不喊地收拾物品去高地等待救援，以及冷静地对待春秋两季台风暴雨的袭击，都体现了日本人在面对痛苦时对自己的克制，归属于“名分上的情理”。虽然不是每个日本人都能完全做到，但是它仍然是日本人内心对自尊的要求，他们认为这正是他们与美国人对待自尊的不同之处。虽然都有阶级准则的约束，但是对武士和对平民的要求在封建时期并不一样，武士总是接受的难度更大、被要求做得更好，对平民的要求虽然相对简单，却也并没有想象中的容易。例如，要是武士被要求去忍耐肉体上的极端疼痛，那么平民就要有能力接受武士刺刀的力道。

武士的隐忍是出了名的优秀，流传下来很多故事。战争中，如果没有粮食，武士们忍饥挨饿也要坚持作战，并假装刚吃完饭用牙签剔牙，有谚语为证：“幼鸟饿了就会鸣叫，武士饿了则含着牙签。”武士们以此语为座右铭，昂首挺胸地面对痛苦，死到临头也不会有丝毫的退缩，正如拿破仑的少年士兵们那样，他们不会说自己受伤，除非即将死亡。胜伯爵[1]曾讲述过他自己的故事，他说自己生于一个衰败的武士之家，家境贫寒。当他还是个孩子时，有一次因为睾丸被狗抓伤而接受手术。当时，他的父亲不仅没有安慰他，还拿出武士的精神用刀指着他的鼻子说：“你要是敢哭出来，我就杀了你。这样可以保存你的名誉。”

个人的生活和社会地位相称是“名分上的情理”的必然要求，人们要是违背这种情理就等于放弃了自己的尊严。德川时代实行的严禁奢侈的法令详细规定了各类人应该穿着的衣服、拥有的钱

1　指胜海舟（1823—1899）：幕末及明治初年著名的政治家、军事家。历任幕府陆军总裁、明治政府外务大臣、兵部大丞、海军卿等。——译者注

财以及使用的物品，以与各个等级人民的自尊相匹配。例如，那个时候的法律会有这样的内容，不同阶层的农民只能为他的孩子购买与他的等级相符合的布娃娃，而不能越级购买另外种类的娃娃。日本人很容易质疑那些富人，却对他们坚持维持得体身份的做法并无异议，直到今天，日本人仍习惯于维持自尊，突出表现就是遵守等级制，不管是穷人还是富人。像日本德川政府这样的禁令美国人是无法理解的，因为它否定了社会存在的基础，我们认为不断提高个人地位才能得到相应程度的尊重。对于类似买布娃娃的问题，我们也有自己的法律去解决。在美国，贫富差距是大家能够平静接受的，社会自尊体系的一个重要内容就是努力获得更高的收入。就像工厂主的孩子可能会拥有电动列车，而农民的孩子只能玩玩玉米棒做的娃娃一样，富人可以购买质量更好、价格更高的布娃娃，穷人会买价格较低廉的娃娃，娃娃的种类繁多，价格不一，人们有权自主选择购买的对象。在这一点上，19世纪法国托克维尔的观点与日本人的看法非常一致，尽管他高度赞扬了美国的平等主义，却认为美国的美德中缺乏真正的尊严，因此他十分享受自己的贵族生活，认为尊严就是规矩本分，人们即便身份不同，仍可以在各自的角色上获得同样程度的尊严，不管是农民还是王子。

不同的民族对尊严的定义不同，就像他们对屈辱的理解也有偏差一样，这样的差别在人们已经能够冷静客观地研究不同民族的文化的今天显得尤为突出。美国人总是有一种民族优越感，大言不惭地认为日本人的自尊只能通过我们实行的平等思想来获取，这简直大错特错。事实上，弄清楚日本自尊的基础，美国人才有可能最终见到一个有自尊的日本。托克维尔所坚持的贵族制度里的尊严已经消失在当今社会，代替它的将是一种更优秀的东西，正如现在的日本。日本要重新建立自尊，也必须以他们自己的道德为基石，用他们自己的方式净化自尊，而并非听从我们道德的引导。

规矩本分只是“名分上的情理”的一个组成部分，除此之外，它还有为数不少的其他义务需要完成。日本人借钱时习惯以自己的名誉来担保，承诺到期不还钱就接受人们的嘲笑，这样的情况在二三十年前屡见不鲜。但是，基本上没有人会真的接受这样的惩罚，不仅是因为日本一向没有这个惯例，更重要的是无计可施的借贷人会在债务到期前自杀以保全名声。这种极端的方式一直流传到今天，新年的时候，仍有人使用。

“名分上的情理”对职业上的责任也有要求。要是学校失火惊到了天皇画像，管理这所学校的校长就会自杀请罪，更多的老师则因抢救画像而被火海吞噬。还有故事讲到，人们在读天皇的教谕或者军人敕令的时候，哪怕只有一点小失误，他们也会以死明志。而更恐怖的是有人因考究不严将天皇的名字“裕仁”定为自己孩子的名字，要知道，日本人不能直呼天皇的名讳，提到天皇都要用别的字号代替。等这个男人意识到自己的失误，竟然带着孩子一起赴死。日本人在这样容易遭人非议的处境下，总是采取这样极端的手段去解决问题，他们忠于天皇，并极端重视“名分上的情理”。

“名分上的情理”对日本的职业人员要求十分严格，并非仅仅依靠出色的工作来维持，美国人一直对此事存在误解。事实上，这种职业上的情理带有一种强烈的自我防御和保护的意味。它将个人和工作完全等同，因此当你批评一个日本人的工作时，他会认为你同时也在否定他这个人。因此，“教师名分的情理”不允许他们承认自己的无知，这就是说教师必须假装了解他并不熟悉的事物，比如青蛙的种属。或者他也会顽固地坚持自己的错误，只以自己时间不长的教学经验为准，而不会听取别人的正确意见。“实业家名分上的情理”要求企业家们严格封锁对他企业不利的消息。“外交官名分上的情理”更不会让他承认自己外交政策的失败。

其实美国人和日本人一样，在专业水准被质疑或失败时反应颇大，在遭到诽谤时也会怒气腾腾，但是我们并不会采取日本人那样极端的态度来进行自我保护。美国的教师会认为，坦白自己知识欠缺比不懂装懂更好，要是他不了解青蛙的种属不妨大方地承认，不必花心思掩饰。美国的实业家不满意自己施行的举措，会重新发布新的政策，没有人要求他从不犯错，承认错误也不意味着下台。日本人自我防护的意识牢不可破，也算得上是一个民族思想的结晶。在那里，要想表现得有礼貌和有智慧，最好不要当着对方的面，一再提起他在专业上犯的错误。

没有什么比在竞争中失败更能体现日本人对它的紧张程度了。值得注意的一点是，竞争在我们国家和在日本会产生截然不同的效果。在美国，我们认为竞争是能够激发人们斗志的东西，代表的是积极向上的情绪，它让我们表现得更优秀，这有心理测验结果为证。我们对竞争非常依赖，因为它能刺激我们提高工作效率，这在没有对手的情况下我们是难以完成的。但是在日本却恰恰相反，如果别人在一次小小的就业考试中获胜被录取，落选者就会因为自己的失利而郁郁寡欢，因为这样的失败让他觉得羞耻而难以接受。竞争的失败不仅不会激励他继续奋进，反而会让他变得沮丧，这样的情况很危险。因为他会对自己越来越没有信心，整日忧愁和发怒，不再积极进取。这在测试中也已经得到验证，日本的儿童对竞争的态度相对轻松，因为他们年纪还小，没有成年人那么多的顾虑。成年人在竞争的情况下的表现比他平时的水平差了很多，错误率上升，速度下降，而他在没有竞争对手的情况下则表现得更优秀。成年人擅长与自己比较，却不愿与人对比。日本有实验员对这一现象有过效果显著的研究，他们发现成年人在竞争的情况下，总是担心自己失利，这导致他们的注意力分散，最后影响工作效率。这说明他们在竞争的环境中，会将对手当成侵犯自己的人，将注意力放在跟对手的关系上。[1]

就像教师、实业家和外交家被各自职业“名分上的情理”束缚一样，“学生名分上的情理”也对学生有着重大的影响，他们碍于情理难以接受自己的失败，害怕名声因此而受损。他们会以失败为耻，且很难从失败的阴影中走出来。这就解释了赛艇队员失利时倒在船上唉声叹气、不住流泪和输掉比赛的垒球队员涕泗横流的原因。美国人在失败后不仅不会有这样的表现，还很看不起这种输掉比赛情绪失控的人。我们倾向于大方地承认对手更胜一筹，并向他们表示祝贺，展现出失败者应有的风度和礼貌，哪怕这场比赛重要无比。

日本人总是能够创造性地找到方法来很好地避免竞争的出现。小学里没有制度让不合格的学生留级，同一年入学的孩子总是同步走过教育的初级阶段，他们的教师也不会将孩子们互相比较，而只是让他们不断地去提高自己。此外，学生的学业成绩在学校教育里并不重要，他们的成绩单上只记载学生的操行。美国人简直无法想象这种整个小学阶段没有竞争的情况。等到中学入学的时候，竞争不可避免地到来了，这种突然的竞争产生的压力让一些孩子无法承受，总有人因入学考试失利而自杀，教师们屡

1 测试简报，见《日本人：性格与精神面貌》，由拉第斯拉可 · 法拉格为国民精神面貌委员会起草。

见不鲜。

日本人生活的各个方面都体现了他们尽力减少竞争的思想。竞争的意识除了被“恩”的伦理规范挤压生存空间外，还受到日本森严的等级制度的严重束缚，在这二者的压力下，竞争一直被压制而很少发生。此外，家族体系的作用也不容小觑，日本的制度里父子之间的相互排斥并不属于竞争关系。与之相反，美国人的规矩则是希望在竞争中战胜对手取得好成绩，而美国家庭父子争夺汽车使用权和竞争照顾母亲的情况总是让日本人难以理解。

日本人为了防止竞争者面对面，最常使用的办法就是找中介人，这种行为可以避免因竞争对手看见自己的失利而导致的难堪，因此它在日本社会普遍存在，并在相亲、求职、辞职以及其他生活中的事务中发挥着不可替代的作用。双方当事人之间总是有一个中介人负责意见的互相传递，有时也会有两个中介人，例如相亲的时候。一方面，当事人将自己事先决定好的事情告诉中介人，由他们具体处理，这样就能避免直接交往，当事人双方也就因此不必面对直接交往中容易产生的怨怼伤害和“名分上的情理”的责难。另一方面，这也让中介人有了生存空间，在这类活动中的突出表现让他们为人所重，这种能干的声誉又进一步为他们赢得更多的表现机会。同样的方式体现在中介人为求职者和辞职者联系雇主的行为上。

日本社会上许多礼节制定的初衷都是为了免除人们感觉到羞辱导致的“名分上的情理”这类问题，因此直接竞争被大大地压缩和减少了。例如，日本人迎接客人之前总是穿戴整齐，礼节完备，要是客人看见他要拜访的人衣着随意，就会在一旁等候，直到主人换好衣服。而被拜访的人在没有换好衣服和安排好礼节之前，也不会表示出迎接客人的意思，哪怕客人就在主人的房间里，他也可以直接忽视客人的存在。在日本的农村里，男青年总是戴着毛巾面罩，在夜晚主人上床休息后去向那家姑娘求爱，这样，要是姑娘没有答应的话，男青年就不会觉得遭到了侮辱而产生羞耻感。戴面罩这种鸵鸟式行为的初衷是为了避免让男青年承认自己前日受到的羞辱，而并非有意让姑娘认不出他。此外，按日本的礼节，人们总是对未确定和未成功的计划漠不关心，来减少计划制订者的压力。例如，媒人在准备男女双方见面的时候，总是减少刻意为之的因素，让会面看起来就像偶然相逢，他们以主人的身份将由父母陪同的男女双方约在菊展、樱花展或者公园以及游乐场等地，让他们自然地认识接触，直到相亲双方达成婚约。这种行为很好地避免了会面目的公开后，家庭因会谈失利而遭受的名誉损失。

太平洋岛屿上有很多部族都很重视对名誉的恢复，但是没有一个像日本人这样为避免失败产生的羞辱感而竭尽全力。日本人采用了各种方法来遏制这一情况，以上所述只是一小部分，他们在实践中以恢复名誉的责任感来处理各项事物，大大地减少了失利受辱的情况。

在与之类似的新几内亚和美拉尼西亚民族里，人们一般都从事园艺，他们遭到侮辱一定会怒不可遏，这是他们行动的主要动力。人们举行部落宴会最大的原因就是遭到了相邻村庄的轻视，被人嘲笑穷得连芋头和椰子也不愿拿出来招待客人，首领更是无能，根本无力组织部落完成宴请。这样的无中生有让人不得不愤怒，于是该部落的人就倾尽全力举办豪华宴会，人们惊叹于食物的丰盛，这样该村庄就一举击碎了邻村人的诽谤，恢复了名誉。除此之外，人们在提亲和买卖东西上也是同样的表现，在战争中对对手进行谩骂和侮辱，彼此被激怒而大动刀枪。这里的人进行道德战争往往只是由于生活中一些琐屑之事，这推动着他们迅速采取行动，使这些部落总是表现得活力四射。然而，所有人都无法将礼节跟他们联系在一起。

西欧人根本没有认识到日本人对“名分上的情理”的要求，他们对日本人复仇态度和敏感于所受侮辱的认识，并非是日本人真正的态度，而更适于新几内亚那种被侮辱激怒的部落。西欧人以他们自己的认识为基础来预测日本人即将对战争采取的政策，这是十分荒谬的。因为日本人完全不像新几内亚人那样粗鲁，他们对礼节的重视表现得非常突出，并以此来考量为恢复名誉所做的事情是否合适。侮辱仍旧能触怒日本人推动他们去获取胜利，但是对礼节的重视则时刻提醒着他们避免将事端扩大化，除非某些场合传统的手段已经不能发生作用，他们才会采取一些极端的方式。事实上，日本人正是巧妙地利用了国人对侮辱的反应才获得了如今在远东地区的政治地位，但是，也正是它促使日本确立了10年来对英美的战争政策。

美国人互相之间习惯于彼此评点，因此我们根本无法想象这类评点在日本人心目中的严重程度，此外，因为日本人崇尚礼节而忽略他们对诽谤的激烈反应也是非常不应该的。日本画家牧野芳雄，曾著书描述日本人面对嘲笑的激烈反应，事实上，写作这本出版于美国的英文自传时，他已经在欧洲生活多年，但是所受的教育根深蒂固，他的感受就像一直生活在家乡爱知县农村那样强烈。牧野芳雄小时候生长在社会地位很高的地主家庭，过着幸福温暖的生活，然而这种生活很快结束了，首先他母亲逝去了，之后他父亲破产并将家产全部用来还债了，这样的变故让牧野穷困潦倒，无力实现自己学习英语的愿望，他只好去临近的教会学校当门房。这个18岁的年轻人，一心一意地要去美国，尽管他连附近的村庄都没有走出过。

年轻的牧野将他要去美国的愿望告诉了他最信任的传教士，打算从他那里获得一些对他去美国有帮助的知识。可是传教士似乎觉得这事很荒唐，他非常惊讶地重复着牧野说要去美国的话，而他的夫人听到这个消息更是觉得难以置信，两人在房间里哈哈大笑起来。这情景让牧野觉得羞耻，他觉得自己的梦想被别人践踏了，沉默地站了一会后，他转身回了房间，甚至都没有跟传教士夫妇告别。那种被别人否定和讥笑的感觉让人如此难堪，牧野在第二天早上便离开了教会学校。

多年以后，牧野在自己的自传里解释了他为什么离开。他认为这个世界上最严重的罪行就是不真诚，而对别人的讥讽是所有事情里最不真诚的。他能理解人们偶尔的坏脾气导致的愤怒，也能解释因人性虚弱而撒谎，还可以接受被人无故中伤，因为人们免不了对自己的困境有所顾忌而不愿说出事实，也会在别人闲聊时添上几句。更有甚者，哪怕杀人犯他都可以宽容，但是就是没法原谅讥讽者，这种不真诚的人无情地嘲笑无辜者，根本不值得获得谅解。在书中，牧野将杀人犯定义为杀害人们肉体的人，而将讥讽者解释为杀害人们心灵的人，肉体远远比不上心灵可贵，因此杀害心灵的讥讽者是最罪大恶极的人。传教士夫妻就这样杀害了牧野纯净的心灵，使他遭受重创。这就是年轻的牧野第二天离开的原因所在。

传教士夫妇质疑这个年轻人去美国学画的梦想，这让牧野觉得无地自容，心灵遭受巨大的伤害。这样的情况下，牧野必须实现自己的愿望，才能恢复名誉，于是他后来真的来到了美国，完成了自己的梦想。在书中，他用“sincere”来指责传教士，日本人普遍认为轻视别人的人是不真诚的，这种嘲笑是有违道德的，应该遭到谴责。但是，这种观点美国人是很难接受的，因为美国人倾向于将传教士的惊讶列入可理解的范围，认为他是出于震惊，是非常“insincerity”的本能表现。

牧野说他宁愿接受杀人犯，也不愿对讥讽者表示谅解。要是不能原谅的话，那么人们只好选择复仇的办法，这在日本人看来并非坏事。因为他们认为遭到侮辱或失败时必须用复仇来洗刷名誉，它在他们思想中是一种崇高的不可侵犯的意识。牧野来美国实现了梦想，就等于打破了别人的质疑，恢复了名誉。除了牧野之外，还有很多日本人写书给西方人看，他们讲述的日本人复仇的故事比喻十分生动形象。例如，“复仇能够使人们内心的正义感得到满足，我们内心复仇的观念精确无比，就像数学中的等式，要是方程两边的情况不对等，就无法获得完全的满足感”，这是善良的新渡户稻造写在他 1900 年的著作中的话。复仇和日本别的习俗的对比在冈仓由三郎《日本的生活与思想》一书中最为明显。

热爱纯净的东西、厌恶污秽的东西是日本人对侮辱强烈反应的来源，并且只有这一种解释。我们从小就受到这样的教育，要是有人侮辱家庭名誉或者民族自豪感，就必须把它当作是对自身的侮辱，要全力辩解直至洗脱污名，不然内心的污浊和中伤就无法得到清理和痊愈。日本社会上复仇的事例多不胜数，有人会觉得无法理解，事实上，它就像一场晨浴，只不过日本这个民族偏爱干净。

他说：“那盛开的樱花美丽无瑕，就是日本人洁净生活的象征。”这就相当于别人向你身上投掷淤泥，你不去洗净，它就总是沾在你身上，“晨浴”的作用就是洗掉污泥。日本社会总是教导人们，哪怕你自己并不觉得受辱，那侮辱仍然存在。人必自辱而后人辱之的道理在那里根本不存在，他们看重的是别人如何说和如何做。

“晨浴”式复仇的理想在日本的传统上被大肆公开倡导，流传下来的数不胜数的事例和故事就是证明，而历史故事《四十七士物语》最为人喜爱。作为当今日本文化的一个组成部分，这些故事不仅被编入教科书，还被拍成电影，甚至还成为一些通俗读物的内容。

对偶尔的失败过于敏感的故事最为常见。有这样一个故事，大名的 3 个家臣被命令猜测一把好刀的锻造者是谁，3 人分别说出了不同的答案，然而专家鉴定的结果是只有一人的答案是正确的，就是只有名古屋山三说对了，他说刀是“村正”打磨出来的。另外两个给出错误答案的人为自己感到羞耻，计划杀死山三。其中一个人拿起山三的刀趁他睡熟了去刺他，但是山三幸免于难。这个行刺的人日后全力寻找机会复仇，直到最终杀掉山三，这才消除了内心的羞耻。

向自己君主复仇的故事也为数不少。家臣要忠于自己的君主，这是日本社会的情理所要求的，但是如果家臣遭到了侮辱，可奋起抵抗来破坏这种依附关系。例如德川家康，他是这个家族第一位将军。德川说他的一个家臣是个“连鱼刺都能将他置之死地的人”，结果被这个家臣听见了，这个武士感觉受到了莫大的侮辱，他对此忍无可忍，并准备伺机报仇。正值德川定都江户，统一的进程还没有完成，敌人遍布全国各地。此家臣抓住机会，里应外合，纵火烧遍江户。这就是他复仇以保存情理的经过。西方人讨论过日本人的“忠诚”，但是这种讨论是毫无意义的，因为日本人所谓的“情理”不仅包含忠诚，还要求人们在特殊情况下的变节，这一点西方人并不理解。遭到侮辱的人会奋起抵抗，就像“挨打的人不会忠心”一样。

犯了错误的人向没犯错的人复仇和遭到侮辱而复仇是日本传统故事里的两个主题，这在流传下来的日本文学中体现得最为明显。但是，对比今天的社会，我们发现不管是日本的生活史、小说还是其他事情中，复仇行为已经屈指可数了，甚至比西方更罕见，尽管日本的传统一向都将复仇置于一个相当高的地位。这不是因为人们不再关心名誉，只是说明人们在失败和诋毁中逐渐采取自卫的方式，以取代历史上那种攻击性的方式。人们对待侮辱的态度像以前一样严肃和愤怒，但是已经不会像在明治维新前那个没有法律约束的社会那样采取措施直接进攻，而是选择了自我麻痹。要么将复仇转入地下秘密进行，要么就将矛头对准自己，这是迫于近代法律、秩序和互相联系的经济行为的压力而发生的改变。正如古代故事中主人将粪便掺入饭菜供仇人食用，对方却毫不知情一样，现在的日本人也倾向于暗地里偷奸耍滑复仇而不让对方知道。事实上，人们更常将矛头对准自己，而非采取这种秘密的复仇方式。人们在这样的情况下总是面临无可避免地选择一种方式，要么就把它当作动力，尽力去完成很难完成的事，要么就让自己的心灵被它侵蚀。

日本人倾向于折磨自己而非别人，这是由他们面临失败、诽谤和排斥时表现出的弱点决定的。最近几十年，描写日本人辗转徘徊于绝望郁闷和直抒愤怒的小说屡见不鲜。小说里，主人公的厌倦深入人心，不管是生活、家庭、城市还是乡村都让他觉得厌恶无比。然而，这种厌倦不是壮志难酬引起的，即所有的努力在这个目标面前似乎都是杯水车薪，也不是产生于理想和现实之间的巨大差距，因为对日本人来说，没有什么比重大使命的前途更重要，就算是非常难以实现，他们也可以为了这远大的目标，迅速从厌倦中走出来。这种为日本人所独有的厌倦是一种非常脆弱的疾病，来源于他们害怕被拒绝，这种恐惧最终使他们自己受到伤害。

与日本小说中的厌倦截然不同的是俄国小说里的描述，后者我们再熟悉不过了。可以明显看出来，俄国小说主人公的厌倦来源于理想与现实的巨大差距，而这种对立感正是日本人欠缺的，乔治·桑松姆曾力主此说。他无意考证日本人厌倦产生的源头，只是希望说明日本人的哲学和他们对待生活的态度是从何而来。然而，与西方思想的对照虽然并不属于这里说到的特例，但是它与日本人沮丧引起的苦恼关系甚大。

美国并不像日本和俄国一样总在小说中描述厌倦，我们的小说不经常将厌倦作为主题，很少见到小说家们简单地描写厌倦，人物的烦恼一般都是由于个人性格的问题或者所处世界太过残酷。我们认为人们无法适应社会并非无风起浪，作者也自觉不自觉地引导人们对书中主要人物性格进行剖析或者评点人物所处的大环境。日本虽然也有人创作无产者小说来揭露下层社会人们遭遇的贫穷以及他们生存环境的险恶，但是在这样的小说描述的世界里，人们的情感发泄出来会到处游荡，如毒气一样传播。一位作家曾这样明确指出。小说家或作者不会让故事中的人物去考虑环境对他生平经历的影响，这样不稳定的感情总让人们感伤。古代日本人会将怒气发泄到敌人身上，而他们的后代却只能将攻击的矛头对准自己，这就是说，他们并不知道自己郁闷的真正原因，只是胡乱找一些事情当作起因，最终却只留下一个奇怪的印象，成为一种象征。

自杀是当今日本人对自己采取的形式最为极端的攻击。美国人对这种自我伤害的行为十分不耻，认为这是自杀者屈服于内心绝望的结果。但是日本人的观点则截然不同，他们十分尊崇自杀，觉得这是一种值得尊敬的、意义重大的行为，要是恰当地实施，不仅能够洗刷死者的名誉，还能让他在死后赢得人们的尊重。特殊情况下的自杀可以使“名分上的情理”得以保全，这种行为得到日本人的颂扬。将自己作为暴力实施的对象，这样的情况在新年仍无力还债的人、所管学校失事引咎自杀的官员、双双殉情的情侣、以死抗议政府不出兵中国的人、考试失利的少年，以及宁死不屈的士兵身上都有所体现。日本有研究说这种自杀的趋势是近几年才出现的，我们不知道这结论是否正确，可以知道的是统计出来的数据并没有观察员本来以为的那么频繁。日本人任何时期的自杀比例都低于19世纪的丹麦和纳粹前的德国。我们能够确定的只有一点，就是日本人对自杀这个主题非常热衷，他们能从描写自杀中获取快乐，就像美国人描写犯罪的时候一样。

日本人谈论自杀的情况相对于他杀更常见。自杀被他们当作最喜爱的“flagrant case”，这个词来源于培根，指的是骇人听闻的事件，谈论这种事情获得的满足感是其他事情无法比拟的。现代日本人的自杀相比于封建时代的故事突出了一种自虐性，封建武士为了避免面对死刑选择接受政府的命令自杀，这就像西方士兵为了逃避被绞死的命运和被俘后敌人的折磨而选择枪杀一样。普鲁士军官受辱必须面对死亡的时候，更高一级的军官就会在他的桌子上放上一瓶威士忌和一把手枪，让他自己秘密地自杀以挽回名誉，类似于日本武士的切腹自杀。在这两种情况下，死亡都是无法避免的，不同的只是自杀的方式。近代自杀的意义则发生了改变，它不像封建时代那样宣告着个人面对死亡的无畏无惧，而只是自我伤害的手段，人们将自己作为暴力的对象，而不会去伤害别人。特别是最近这四五十年之间，日本人渐渐更愿意伤害自己而不是别人，当他们觉得“世界不公平”“方程左右两边不对等”，以及需要“晨浴”来净化自身的时候。

不管是封建时代还是近代，人们偶尔都会以自杀相要挟或者以它立证来达到自己的目的，这在德川时期发生的一个故事里面体现得淋漓尽致。幕府里一个地位显要的老臣为了确保他举荐的继承人当将军，曾在大批官员面前袒胸露腹，以死相要挟。这样的行为最终发生了作用，老臣并没有死掉，却如愿让举荐者成功上位。在我们看来，这个老臣“blackmail”了将军的职位，这个词的意思是勒索。而在近代，人们会在提议未被接受或者反对已经签署的类似伦敦海军裁军条约这种协议时，选择自杀来抗议，希望能够流芳百世，但是这时的自杀已经不是一种谈判的方式了，而是为理想而殉道。并且，这个时候，以自杀相要挟并不奏效，真正的死亡才能对舆论有所影响。

人们因为“名分上的情理”遭受伤害而将自己作为暴力的对象，这种趋势正在蔓延，尽管自杀这样极端的行为可能并不包括在内。这就是沮丧、消沉和日本知识阶层普遍拥有的日本式厌倦的主要根源。这种情绪在特定阶层发展的原因可以用社会学的内容进行解释，即知识阶层在等级制中的位置不稳固，且人数众多，能够实现自己理想的人只是很少的一部分。此外，政府还在 20 世纪 30 年代怀疑知识分子“思想有危险”，这更让他们郁闷不已。日本的知识分子们将他们自己的沮丧归因于西方思想传入引起的混乱，事实上，它不足以为据。这种在日本人中普遍存在的不安情绪开始只是对献身的渴望，后来逐渐演变成了厌倦，精神上的折磨让他们迫不得已作出改变，这一传统在古代日本就已经存在。为了拯救自己，从 20 世纪 30 年代中期开始，人们开始重视传统文化。这一次，他们以国家主义为武器，把对自身的暴力转移到外部，攻击其他国家的极权主义，这让他们获得了重生。从坏情绪中走出来的日本人浑身充满了力量，他们坚信一个战胜国可以完成那些他们自己与人交往时难以完成的事情。

但是，日本在战争中失败了，这种盲目的自信被证明并无用处，整个国家意志消沉，沉浸在无边无际的恐慌中，任何情绪都无法影响这种整体上的牢不可摧的沉沦。一个东京的日本人这样描述战后的国家："炸弹消失了，人们很轻松，但是已经结束的战争让人们失去了目标。我们对周围的一切都感到漠不关心和无所适从，我跟我妻子以及周围的所有人，大家都提不起精神来做事。我觉得政府之所以没能很好地处理战后事务，主要原因就在于官员的心情和我们一样。"这种普遍情绪低落的情况曾在解放后的法国出现，如今又在日本出现，尽管投降已经 6 到 8 个月的德国并没有这个问题。美国对这种反应并不排斥，然而日本如此友好地对待战胜国却让人震惊不已。日本人在战争结束后立即承认失败，并表示愿意承担战败的全部后果，他们没有丝毫的抗拒，"接受了无法忍受的事实"，就像天皇投降诏书里面所说的那样，并且态度温和、热情地迎接美国人的到来。事实上，即使是在被占领时期，日本人也有重建的可能，原因在于除了存在没被占领的村庄外，日本人还掌握着管理行政的权力，但是他们却没有这样做，反而搁置下亟待解决的事情，对外界表示着善意。我们知道，这正是这个民族的特性，它复兴于明治维新，并在 20 世纪 30 年代韬光养晦，最终在太平洋战争中一往直前、势不可当。

这样的应对方式正好体现了他们民族的特征，说明他们从未改变。日本人总是习惯于在拼搏奋进和浪费时日这两种情绪中犹疑不定，这很好地解释了他们战败后消沉的原因。当时，日本人认为态度友好可以保证国家的荣誉不为战败所损害，因此尽力表现得亲切和善。但是这样一来，他们就把美国当成了救星，对美国人的依赖性大大增强。这样的情况让他们不再相信努力奋斗的作用，而倾向于混沌度日，这就是日本国内普遍意志消沉的根源。

但是消沉在日本人的传统里并不受欢迎，他们千方百计地想要击退这种整体上的意志消沉，例如提出激励人的口号，类似“不要沉浸于过度消沉”“将消沉的人们叫醒”这样的口号比比皆是，在战争时的广播里反复播放。此外，日本人的报纸在 1946 年春天已经开始长篇大论地批判那些让日本蒙羞的事情，比如废墟还没来得及清理、公共设施形同虚设以及懒散的流浪汉在火车站逗留等，他们认为日本当时“是全世界关注的对象”，这样的可怜景象让人觉得羞耻。报纸上关于荣誉的谈论起了作用，日本人迅速行动起来，这一次他们找了新的方向去恢复自己的名誉，即尽力在联合国组织中获得显要的地位。日本可以通过这样做重拾自尊，只要日后大国之间的和平局面确立下来。

日本人对荣誉的追求一如既往、不曾改变，因为荣誉是获得尊重的必经之路。但是，日本人不会拘泥于旧的政策，为了获得荣誉他们可以因地制宜地调整方向并采取全新的方针，并且他们不会像西方人那样将这种转变归属于道德问题。日本人对“主义”这类意识形态的热衷始终如一，他们坚持认为信念不会随着战争的失败而改变，沿袭旧路是没有必要的，这就解释了战后日本地下活动较少的原因，跟欧洲人战败后疯狂报复的行为形成了鲜明的对比。事实上，当时日本国内只有一小部分冥顽不化的人才会使用这种方式去反抗，除此之外，几乎没有类似的报复行为。美国人在占领日本后几个月就能安全地乘坐拥挤的火车去遥远的农村，甚至还会得到当地官员的问候，这些官员一般都是昔日国家主义的信徒。此外，日本的儿童们会跟美国人说“Hello”和“Good-bye”来打招呼，以此欢送路过的乘坐吉普车的美国人，至于那些太小而不会挥手的小婴儿，他母亲会握起他的手作出挥动的姿势。

相对于日本俘虏对战争态度的改变，美国人更难理解日本人对战败态度的根本转变，因为俘虏对日本来说就相当于一个死人，他们除了投降别无选择，但是没被俘虏的日本人所做的改变却让人震惊，这种改变是美国人永远无法完成的。没有人预料到日本战俘思想上的这种转变在战后日本普通民众中也会存在，就算是那些一向很懂得日本的西方人也失算了。这些做研究的西方人坚持认为日本人“只会简单地将结果看作胜利和失败”，一旦失败，日本人就会拼尽全力伺机复仇，或者有人认为日本人的性格是会拒绝一切和平条约的。这类研究者没有考虑“情理”的因素，他们将日本人的伦理理解为与欧洲同样的意思，认为日本人传统里只有复仇和侵犯这样特征明显的方式可以维护荣誉，而忽略了日本人用于复仇的其他方式。事实上，西方人与日本理解的侵犯含义存在很大的差异。欧洲人认为个人的斗争对象是国家，确保战争的目的是正义的之后，就会从长期的愤怒和憎恶中获得力量。日本人却与此不同，他们将一些因军事力量强大获得尊重的大国的例子当作范本，在军事上疯狂扩张，希望以此获得地位。但是日本是个小国，不仅严重缺乏资源，技术上也没有任何优势，只能采取残暴甚于希律王的方式。直到长期艰苦的努力付诸东流，他们终于意识到侵略无法获得荣誉。使用手段去侵略或者保持互相敬重的关系有时与“情理”的意义暗合，日本在战败后就没有任何心理冲突地经历了这样的过程，由侵略者逐渐转变为尊敬对手的人，但是他们对荣誉的追求一直不曾改变。

西方人很难理解日本人在历史上频繁作出的这类举动。例如日本于1862年放弃闭关自守的政策、接受外界通商的时候，萨摩[1]出现了一起性质恶劣的事件，英国人理查森在那里被杀害了。作为攘夷运动中举足轻重的藩镇，萨摩的武士有着众所周知的骄傲和尚武情节。英国立即派遣远征队轰炸鹿儿岛这个萨摩藩重要港口，尽管日本于德川幕府时期仿造了为数众多的葡萄牙式火枪，但是仍然远远不敌英国战舰的威力。意外的是日本人看到了英国的强大，放弃了复仇，向英国示好，并向自己的对手学习。之后，日本不仅与英国建立了贸易关系，第二年还在萨摩成立了大学，这所学校“让学生接受西方先进的科学知识……两国因为英国炮轰萨摩鹿儿岛的事情萌生了友好合作关系并持续发展”，这是一位当代日本人所说的，他们将这一事件称为生麦事件。

长州藩的事情跟这如出一辙，事实上，它也跟萨摩藩一样热衷战争、极力排斥外界事物。没有实权的天皇发布的敕令宣布所有将军必须在1863年5月11日之前驱逐出日本境内的蛮夷，幕府对此视若无物，而和萨摩藩同为“复兴王政”领导者的长州藩则用枪炮来对付出现在日本海域的西方商船，但是它立即就因武器的落后而一败涂地。西方人当然不会容忍这样的行为，他们联合起来捣毁了长州藩的要塞，并得到300万美元的赔偿。战争的结果同样让人觉得不可思议，用诺曼对这两州的评价来说，就是“人们不知道这些藩镇领导者改变态度的动机，但是他们的行为表达出强烈的现实主义因素，那种镇静自若值得人尊敬”。

日本人“名分上的情理”既有积极的地方，也有消极的地方，

1 应是横滨市的生麦村，当时萨摩藩士兵列队通过生麦村时，里查德想横穿队列，因而被杀。——译者注

就像月亮的两面，而日本人因地制宜的应变能力和他们的现实主义正属于情理积极的一面。此外，它的积极面还让日本友好地承担了1945年投降的后果，而日本认为美国限制移民法和伦敦海军条约严重侮辱了他们，并由此推动了全面战争计划的实施，这则属于情理消极的一面。日本人的性格从来没有改变，这正是他们行事的风格。

西方人总是被近代日本作家和评论家对“武士道”精神的介绍所误导，事实上，“武士道”只是“情理”的义务之一，它只是评论家创作出来的，藏身于“迫于情理”“出于情理”“全力为情理”等格言之后，没有长期民族精神的积淀，根本不能表达出“情理”所包含的丰富含义以及展现它背后的诸多矛盾。国家主义者和军国主义者以“武士道”号召人们参加战争，直到他们失败后人们才对它表示怀疑。西方人总是误以为“武士道”等同于“武士”，事实上，没有什么时候比现在要更加重视日本人的“情理”了，因为他们对“情理”的坚持从不曾改变。日本社会里所有阶层的人们都非常看重“情理”，并且“情理”的责任会随着社会地位的提高而加重，就像这个国家里任何其他的规则义务一样，但是显著不同的是“情理”是对日本整个社会的总体要求，任何人都要服从的。外国人或许不像日本人那样认为“情理”对武士的规定更为严格，而坚信“情理”对平民的要求更高，他有这样的看法是基于平民遵守“情理”却没有得到同等的回报。但是日本人的观点是只要他在自己所属的阶层中得到尊重，这回报就已经很充分了，人们依然鄙视和反感那些“不懂情理的人”，称他们为“可悲的人”。

第九章

人的感官世界

对回报和自制的极端强调的道德准则，与古典佛教倡导的教义一样。因此，日本人似乎坚定地认为源于内心的肉体欲望是罪恶的。然而让人十分惊讶的是，日本的道德准则里并没有严格限制享乐的条款。在这个问题上，作为东亚地区信奉佛教的大国之一，日本的社会伦理与佛教建立者或者佛经的教导完全不同。日本人不是清教徒，他们并不干涉个人满足自我欲望的行为，甚至还认为享乐是值得培养的好习惯，对享乐的追逐和看重并不少于任何国家，唯一需要注意的是享乐须有一定的尺度，不能因过度享乐耽误了人生其他重要的事情。

这样的准则带来的是紧张的生活节奏。事实上，印度人能够明白日本人追求感官快乐的行为，同样的理解美国人却很难做到。美国人总是认为享乐无须学习，不沉迷于声色情乐就是对诱惑的抵制。其实享乐是需要学习的，就像我们也要学习义务一样。在多种文化形态中，我们总是发现那些不主动学习快乐的人更容易在某些要求牺牲个人的义务面前献身。在这样的国家里，人们在考虑其他问题的基础上，遏制男人和女人身体上的互相吸引，一点点减小那些能够破坏家庭生活的力量，直到消失。日本人在放任感官快乐发展的同时确立了规则，指出不能一味沉溺于享乐而破坏了本来的生活方式，他们像培养美术天赋一样让身体上的享乐得到充分发展，又在享受过这些乐趣之后为了义务而将它们抛弃。

在所有的身体享乐中，泡热水澡最为日本人所喜爱。不管是穷困潦倒的农民，还是地位低下的仆人，或者出身名门的贵族，所有人都热衷于这种身体上的享受，它甚至已经成为人们生活中的一个规律。

通常，人们会先清洁自己的身体，然后进入盛放着温度高达

43 摄氏度热水的木盆中。盆下燃着炭火，以保持水温。沐浴者双手抱膝，像胎儿一样坐在浴盆里，将身体浸入水中直至下巴被淹没，然后全心感受热水带来的温暖和放松。

虽然这种重视清洁和洗浴的观念在美国也很常见，但是那种放任自流的艺术态度和情趣却为日本所独有，而且它们会随着年龄的增长而变浓，这在其他国家也很少见到。日本人千方百计地减少沐浴支出以及它带来的小麻烦，唯有沐浴本身的存在不可替代。人们在城镇里的公共浴池里洗澡、聊天，那浴池就跟游泳池差不多大；而农村里，妇女们在自家院子里准备洗澡用具，家家户户轮流享受沐浴的快乐，他们并不害怕洗澡时被人看见。

沐浴在日本的上流社会中有严格的顺序，人人都必须遵守，第一个去沐浴的肯定是客人，然后由祖父到父亲到长子，一个个轮下来，直到家里雇佣的仆人。人们洗完澡后浑身红扑扑地出来，跟家人聚在一起愉快地打发掉晚餐前的时间。

日本人对“强身”的强调和洗热水澡程度相当。冲凉水是“强身”中最极端的一种，它也叫“寒稽古”或“水垢离”，是从古代传下来保存至今的，但是它的形式已经发生了一些改变，没有古代要求那么严格。

从前，人们总是黎明前就出发去寒冷的瀑布下面静坐，要知道，寒冬腊月人们就算是坐在没有暖气的屋子里也是十分难以忍受的。对于这个存在于 19 世纪 90 年代的习惯，帕西瓦尔·洛威尔曾有过详细的记载：那些不愿出家为僧、志在获得超能力或治愈疾病的人会在睡觉之前修习寒稽古，并在凌晨 2 点的时候重复一次，因为那是“众神沐浴”的时间。之后做的时间分别是早晨起床后、中午以及傍晚。

事实上，这种黎明前的苦行更加广泛地流行于那些希望掌握一门乐器或者技艺的人中间。人们将自己暴露在酷寒中以强身健体。有传言说练习书法的儿童从中能获得最大的裨益，当然代价是他的手指会冻僵甚至生冻疮。

日本现代的小学里仍然没有暖气，因为人们认为这可以磨炼孩子的意志，从而让他们在将来的困境中表现得更坚韧。日本的小孩子们虽然总是感冒流鼻涕，但是他们却没有预防的习惯，这一点给西方人留下了深刻的印象。

日本人对睡眠能力的掌握简直炉火纯青，这也是他们除了洗热水澡和强身之外最喜欢的事情。那些专职研究日本的西方人最惊讶的是，这个国家的人在任何地方都能很快入睡，哪怕是在那些他们觉得根本没法睡着的情况下。

在美国人的标准里，日本人属于“精神高度紧张”的一类，但是这个在美国等同于失眠的词语并没有影响日本人的睡眠。他们反而总是轻轻松松就睡着了。日本基本算得上是整个亚洲晚上睡觉最早的国家，人们在日落不久就去睡觉，并且也没有西方人那种睡觉是为来日储存能量的考虑。美国人总是将睡眠和恢复体力联系起来，会在早晨起床的时候算出这次睡眠的时间，然后据此推算自己现存的精力和办事的效率。日本人则截然不同，他们的睡眠是“与生活现实隔开的”，就像一个对日本人有深入了解的西方人描述的那样，“西方人来到日本，必须丢掉固有的睡眠是为恢复体力以加强第二天工作效率的想法，而将睡眠视作独立于恢复体力、休息以及放松之外的事情”。这就是说，日本人睡觉就是因为他们喜欢睡觉而不是别的什么原因。他们总能安然入睡，要是没有打扰的话。

然而，日本人也经常为了别的事情放弃或者减少睡眠时间。应考的学生并不认为良好的睡眠能帮助他提高学习效率，因此他不眠不休地学习。接受军事训练的士兵的睡眠时间则全部由训练进程决定。1934 年至 1935 年在日本军队工作的杜德上校在谈到手岛上尉的时候，说日本军队在日常演习中“接连进行了为期 3 天的行军。这 3 天里，所有人都是两天两夜没睡，士兵只能在 10 分钟内眯一下。他们有时会边走边睡，有一位少尉这样做，结果直直地撞上了路边的木头堆子，让大家哈哈大笑”。不仅如此，士兵们在营帐扎好后立即被派遣去哨所巡逻，不让睡觉。上校询问对方为何不让士兵轮班休息，得到的回答是，日本人对睡觉非常擅长，却对不睡觉缺乏深入认识，这就是在训练他们不睡觉的能力。在这里，日本人对睡觉的态度得到了简练而形象的描述。

日本人喜欢的享乐，除了取暖和睡觉，还有吃饭。这是一种令人放松的活动，但是他们眼里，它同时又是一项严格的训练。日本人总是将饭菜做得色香味俱全，哪怕它量少到只有一汤匙。他们还重视不同的规范，艾克斯坦曾引用一位日本村民的话说，“日本人最高的德行就是快吃快拉。”“对他们来说，吃饭只是为了活下去，因此就没有必要在此事上耽误时间，男孩们会在吃饭时被催促着赶紧吃完，然而在欧洲，我们总是教导孩子们细嚼慢咽。”寺庙里的僧侣会在吃饭之前念经，说食物是良药，这意味着对修行之人来说，吃饭是为了维持生命而非享乐。

日本人认为强制绝食可以很好地考验一个人的坚强程度，因为像武士一样“口含牙签”进行绝食，与拒绝温暖和睡觉有同样的作用，它们都能检测出个人的耐力。事实上，与美国人认为体力来自营养供给的看法不同，日本人坚信人们通过绝食的考验后，体力不仅不会由于热量和维生素的欠缺而下降，反而会因为精神上的胜利而大大增加。东京电台对藏身于防空洞的人们大肆宣扬可以通过运动来恢复体力，就是基于这样的认识。

日本人拥有的另外一项感官情趣是浪漫的爱情，即便它与他们的婚姻和家庭义务完全不同，他们仍然对这种题材充满了兴趣。以浪漫爱情为题材的小说在日本随处可见，而且主角通常和法国文学作品中的角色一样，已经结婚。日本人对故事主角殉情而死的情节表现出非比寻常的热爱。

《源氏物语》是创作于10世纪[1]的文学作品，它能够和世界上任何凄婉美丽的伟大爱情小说平分秋色。此外，富含浪漫色彩的还有封建时期大名和武士各自的爱情故事。它在日本当代小说的创作中也是一个相当重要的题材。中国的文学则全然不是如此，他们总是克制自己，避免过分沉溺于爱情和性爱。这让中国家庭的矛盾少了许多，而且显得更加平稳安宁。

在这个问题上，美国人虽然在一定程度上比中国人更能够接受日本人的行为，但是他们的认识也远远不够。我们在性享乐上设置了很多禁忌，并且，和英国人一样，我们承认有些被日本人所喜爱的书画带有淫秽色彩。我们对吉原这种遍布艺妓和妓女的地方有着本能的恐惧。但是日本人则完全不这样认为，他们在性这个问题上没有我们所设的那些道德禁忌，同时认为这种事情没有讲道德的必要，因为他们坚信性是和其他人类器官一样没有罪恶的东西，只要不把它当作生活的主要部分，是没有害处的。

日本人不喜欢西方人在性方面对他们的评价，曾以西方的标准来要求本国人，但是这种文化上根深蒂固的观念是根本无法用法律来消弭的。

尽管日本人中那些比较有修养的人已经明白，他们与英美等国人在是否道德和是否淫秽的问题上看法不一致，但是他们还没

---

1 应该是11世纪。——译者注

有认识到，日本人所说的“感官快乐不能耽误人生大事”和西方人在性和享乐方面的一贯态度之间存在巨大的差异。西方人无法理解日本人对于爱情和性享乐的态度，主要原因就在于此。

我们对待妻子很光明正大，对待情人则惯于隐藏，日本人则截然不同，他们对待妻子和情人同样公开，并且划分得相当清楚，将与妻子的关系列入人们应该完成的义务，而将与情人的关系归入处于从属地位的娱乐消遣范围，与之对应的男人角色则分别是父亲和市井之徒。

美国人思想中总是存在一种恋爱和婚姻合二为一的理想，认为选择配偶的前提是恋爱，步入婚姻最好的理由是相爱，婚后丈夫与别的女人之间存在的不良关系意味着丈夫把本应为妻子独有的东西给了别人，这是对妻子的侮辱。可是，日本人选择配偶只是为了服从父母的命令，婚后与妻子的相处遵从已有的礼节，孩子们不会看到父母之间那种亲密的关系，在气氛融洽的家庭也是一样。一位现代日本人在杂志中说：“在日本，婚姻真正的意义在于传宗接代、养育儿女，要是有人认为婚姻有别的什么目的，那他一定是误解了婚姻的含义。”可见他们的标准与美国人有多么不同。

日本人不会受制于这种按部就班的生活，因为他们可以用自己的钱财供养情人。但是，日本与中国传统的东方式的一夫多妻制不同。因为日本人不会将那个令人着迷的女人带回家。这是为了明确区分自己与妻子和情人这两种不同范围的生活。

他们的美丽情人通常是那些才貌双全或者能歌善舞的艺妓，也有可能是妓女。男人无论与哪一种人相处，都必须和她的雇主订立契约。这种契约可以避免女人被抛弃，并能让她获取应得的钱财。

在某些特殊情况下，男人才能将情人带回家中居住，这也仅限于男人的情人生下孩子，而他愿意将这个孩子与自己的孩子放在一起抚养的时候。但是即便是这种特殊时刻，情人来到他的家庭也连妾的身份都得不到，只能当个仆人。情人并不能成为自己亲生孩子的母亲，孩子的母亲是男人法律上的妻子。家庭的责任和感官的快乐在日本人心目中的区别泾渭分明，并且也显著地体现在空间上。

有钱供养情人的是上层阶级，但是日本男人偶尔都会去找艺妓和妓女，他们的行为不必遮掩，因为他们的妻子对此完全清楚。她们甚至还会为丈夫出门收拾衣服以及偿还丈夫的嫖资。这样的事情是她们分内之事，即便对此很反感，仍要坚持完成。

一般来说，艺妓的价格高于妓女，这其中还不包括发生性行为后的费用。人们去看艺妓的表演只是为了享受那些美丽光鲜、气质优雅的女人的款待。这些艺妓的行为不管是舞蹈、歌谣还是仪态都充满了挑逗，这些是上层社会的夫人们无法拥有的。而男人为了获得某个艺妓的青睐，就必须以主顾的身份与之签订契约，约定她情人的身份。不过，要是男人的魅力足够大的话，也有艺妓主动送上门，这样的相伴少不了性关系的存在。日本人将这些全部归入感官快乐，并用它来为“孝”的世界增加趣味。这就是说，人们在清楚划分妻子和情人这两个领域的前提下，可以适当地享乐。

妓女生活的地方是妓院，它是合法的。男人在与艺妓一夜风流之后，仍可以光临妓院。比较贫穷的人一般倾向于去妓院，因为妓女的价格相对较低，她们多是迫于贫穷被卖给妓院的，身份低下，又没有接受过类似的训练，无法成为艺妓。早年间，由于没有意识到西方人对此事的批评态度，日本人都让妓女坐在妓院门口直接面对嫖客的挑拣。直到他们听到西方人对此习俗的不满，他们才用照片替代了真人，挂在外面供男人们仔细挑选。事实上，男人们总是光明正大地站在妓院外面，花大量时间选择妓女，对照片上的人品头论足。

男人与妓女签署契约之后，他便是该妓女的主顾，而妓女本人则获得男人情人的身份，受到条约的保护。除了有契约保障的艺妓和妓女外，还有一些“自愿情人”。这些人多是女佣或者女店员，男人与她们之间的关系不必签署条约，她们也得不到相应的保护。然而，正是这些被排除在大家认可范围外的女人，才是最容易与她们的情人相爱的。美国小说或者故事里经常有年轻女人被情人抛弃而消沉落寞的情景，日本人总是把这类没有合法身份养育孩子的女人看作“自愿情人”。

日本人感官上的快乐还包括热衷同性恋行为。事实上，这种行为在封建时代的日本是一种被有身份的人普遍接受的享乐，主要发生在武士和僧侣中。日本在明治时期为了避免遭到西方人的非议曾以法律的形式来破除旧的习俗，同性恋就是被取缔的其中一项。但是这种立法并没有得到应有的效果，日本人仍将同性恋视为人情范围之内的事，只是采取了一些限制措施防止它影响家庭稳定。所以，虽然日本的职业艺妓里不乏男人，但是日本人觉得完全没有必要担心他们会像西方人所说的，男人或女人会“变成”同性恋。

日本的成年男性总是在少年中寻找同性伴侣，他们认为在这样的行为中，成年人做被动的一方会损害他的自尊。鉴于此，日本人对美国同性恋中，成年男子愿意成为被动一方的行为惊讶不已。对于一个人在保持自尊的情况下做事的底线，日本人与美国人设置的界限不尽相同。

自慰行为在日本并不会受到谴责，因为他们认为这并没有损害道德。作为拥有自慰器具最多的民族，日本为了转移西方人对此事的注意力曾力图将这种行为转入地下，但是这并不代表他们觉得这些器具是让人恶心的。在西方人对手淫行为的强烈反对中，欧洲人比美国表现得更加激烈。小孩子从小就被教育不能手淫，大人总是告诉他这种行为会让人发疯或者秃顶，要是有母亲发现自己孩子这样做，会立即谨慎对待，绑住孩子的双手，对他进行体罚，甚至告诉孩子他会因此行为遭到上帝的惩罚。与此截然相反，日本从来没有这种教育，大人不会因此去惩罚孩子，孩子也不会因此得到惩罚。他们认为将自慰作为生活的从属部分加以控制就足够了，它不属于罪恶的范围。

感官上的快乐对酗酒行为也很宽容。对于美国人立誓戒酒和鼓励人们投票以实行地方禁酒令的行为，日本人视之为西方人的奇思妙想。在他们看来，喝酒是人生的一大乐趣，能让人获得快乐，而且日本人并不认为酗酒行为会让家长变得粗鲁暴力，更不会觉得家长喝醉就会打孩子撒气。在日本，人们并不担心喝酒的人会“变成”酒鬼，像他们不会担心喜欢同性的人会“变成”同性恋那样。事实上，日本的酒鬼，还没到会影响社会的程度。日本人的家庭和社会都对醉酒的人表现出极大的容忍。此外，人们经常在酒会上表现得相当放松，这样的尽情取乐会让人忽视一些礼节，甚至有人会坐到别人的腿上。

有些趋于保守的日本人会将喝酒和吃饭严格分隔开来。要是有人在提供酒水的农村宴会上开始吃饭，就说明他不打算喝酒了，因为喝酒和吃饭的行为是分开的，他已经作了选择。虽然人们在家里吃完饭也会喝酒，但是一般只是轮流品尝不同的酒，而不是边吃饭边喝酒。

日本人对这些感官上快乐的态度产生了不少影响。日本哲学否认肉体罪恶的观点，对肉体带来的快乐也并不反对。他们认为肉体和灵魂并不是对立的。这样的原则让他们顺理成章地认为，世界不是善恶相争之地。与此相反，西方哲学一贯将肉体与灵魂视为生命中对立的两个基本力量。一方随另一方的增加而减少。日本人则反对恶的人生观，他们认为人们的两种灵魂分别是“温和”的灵魂和“粗暴”的灵魂，而不是善和恶这样泾渭分明的类别。任何民族里的个人都有这两种非对立的灵魂。它们在任何情况下都是善的，也不像西方那样极端地认为它们分别生存于天堂和地狱。

乔治·桑塞姆爵士曾写出这样的话：“日本人认识恶的能力非常欠缺，他们经常不愿意面对恶，这样的问题在他们的历史上就一直存在。”

就连日本民族里的神也不例外，他们通常既有善的一面，也有恶的一面。例如天照大神的弟弟素盏明尊。作为“威猛的男神”，他是日本最受尊敬与喜爱的神，但是他却极其暴力地对待他的姐姐天照大神，并在他姐姐识破他的计谋要赶他出去的时候，大肆破坏天照女神在餐厅中举行的“赏鲜仪式”。此外，他的罪行还包括拆坏田埂和在他姐姐房间打洞投下斑驹“倒剥皮”。这都是非常恶劣的罪行。最让西方人费解的是，尽管素盏明尊因为这些行为被众神从天上罚下，放逐到黑暗之国，但是日本民众并没有因此改变对他的崇拜，他依然为人喜爱。

这样的神虽然经常见于世界各地的神话之中，但是他们通常被排斥在更高一级的宗教伦理之外，以区分是非黑白。

日本人从不承认美德，也始终反对同罪恶作斗争。他们认为这样的道德准则对日本并不适合。几百年来，日本的哲学家和宗教教师就在不断重复这一观点。他们并不反对中国道德中对公正与仁爱的强调，并认为这种“仁”的标准能够成功地映射出那些不够完美的人与行为的缺点。“这种道德准则能够以人为的方式制约中国人人性中的缺点，但是只对中国人有用”，这是本居宣长的观点，他是18世纪日本伟大的神道。

此外，同样的言论还出现在近代佛教家和国家主义的领导者口中。这类人坚信日本人的人性十分善良，根本不必与恶作斗争，非常值得信任。只要他们在各种场合表现得体，并经常拂去心灵上的灰尘，清洗自己的不洁之处，内心的善性就会重新闪耀起光芒。

没有一个国家像日本那样频繁地在佛教哲学中提出凡人即能成佛的观点，这个国家的人认为德行在于个人的悟性，即用自己的天赋和心灵去领悟，而不是仅仅存在于佛经中。人们应该相信自己心灵上的发现，因为灵魂是没有罪恶的。

《圣经·诗篇》里说：“我天生就是有罪的，这种罪恶从母亲怀胎的时候就已经产生了。”[1]日本却截然相反，他们不仅不会这样说，而且也没有那些讲述人类堕落的教条。对他们来说，任何人都不应该对感官上的快乐有所指责，因为它是上天赐给的福分。哲学家也好，农民也罢，都没有谴责感官快乐的权力。

美国人觉得这种教义作用的结果就是产生纵欲哲学，号召自我放纵。但是，履行义务对日本人来说是生活的最高追求。他们觉得把幸福当作一种临时消遣可以，但是慎重地对待它并用它来判断国家和家庭却荒唐无比。因此他们心甘情愿地放弃个人欲望和乐趣来报恩，并对那种追求幸福的人生目标表示费解，认为那

1 《旧约·诗篇》第51篇第5节。——译者注

是不符合道德的。日本人早就料到履行义务的时候要遭受的痛苦，这些义务包括“忠”“孝”和“情理”等，他们的办法是用自己坚强的意志力剔除那些并不属于罪恶的享乐成分。日本人对这种坚强的意志力有着无上的崇敬。

日本的小说和戏剧里圆满的结局十分罕见，这充分体现了日本人的上述性格。大多数美国人都希望看见剧中的善良人物有好的结果，并过上幸福快乐的日子，而人们为剧情伤心难过的原因在于英雄性格中的缺陷让人惋惜或者英雄在不良社会秩序下牺牲。日本恰好相反，那些让观众流泪的剧情基本都是男主角悲惨死去、女主角被害于多舛的命运，这样的剧集最为人们喜爱，通常能引起晚间播出的高潮。

此外，男女主角的苦难也是日本现代电影的主题。要么就是男女双方相爱却迫于压力必须放弃，要么就是幸福婚姻中途，其中一方死于履行义务，或者妻子牺牲自己的所有，全力帮助丈夫提升事业，在丈夫发达前，给他动力培养出人头地的天赋，在他成功之时却默默死去。这样的剧集从来就不需要美好的结局，它只是为了激发人们对男女主角的同情之心，而剧中人物经历的苦难则是为了说明人们履行义务的心意之坚定，不管付出多大的代价，即便是放弃、疾病或者死亡，他们都无怨无悔。

这种传统在日本现代拍摄的战争电影中多有体现，这些电影在美国人看来更像是对和平主义的号召，但是日本的电影制作者们知道，他们的国人不会这样想。日本的战争电影中最常见的就是对苦难的聚焦，他们的镜头对准的是士兵们负重在泥水中行走、人们因战争遭受的痛苦以及对战争胜负难以预料经历的煎熬，而非气势恢宏的阅兵和演习、整齐的军乐队以及威力无穷的枪炮，更不会有人们喊着口号的冲锋和胜利。

他们对日俄战争和侵华战争的刻画近乎刻板，士兵被困于中国泥泞不堪的小镇，一家三代幸存于3次战争中，只剩残疾、瘸子和盲人，亲人得知士兵阵亡消息时的痛苦，所有这些都让人动容。与英美电影中那种激奋的场景不同，日本电影从不论及战争目的，也不谈论伤者的复原问题。日本观众要看的只是剧中人物对自己所受恩惠的回报，电影里面有这些内容就行了。事实上，由于这样的电影更能激起日本观众的愤怒，它们是日本军国主义的主要动员武器。

第十章 道德的困境

日本人对生活的态度清晰地表现在忠、孝、情理、仁和感官快乐等的规则上。他们将人生的义务划分成许多板块，就像在地图上划分省份，然后把每一个板块都当作一个单独的世界，详细制定其内部的规则，这些世界包括“忠的世界”“孝的世界”“情理的世界”“仁的世界”“感官快乐的世界”等。日本人从不像美国人那样对人作出不公正这种整体性的评价，而会明确地指出某人“不遵守孝道”或者“不懂情理”的缺点。相对于指责别人小气、个人主义，日本人更倾向于具体说出他违反的是哪个世界的规则。他们也不寄希望于“必须服从的命令”或者“黄金法则”，对人们在某个世界表现出的与之相符的行为也不吝赞扬。人们的行动有不同的动机，出于“孝”的考虑和“碍于情理”或者“从仁出发”的行为有完全不同的方式。此外，当特殊情况要求转变行动方式时，这些世界的准则也会发生改变。例如，家臣的忠诚在遭到君主的侮辱时就可以转化成仇恨，不管此前他多么忠贞，这都是他的必然选择。还有，日本人在 1945 年 8 月以前秉持“忠”的原则与敌人拼死抗争，却在天皇发表投降诏书之后迅速地对外界表现出善意，这就是说“忠”的前后含义已经不同了。

西方人对此迷惑不解。我们总是在经验的基础上主观认为人们都是按其性格做事的，就像我们分辨绵羊和山羊是根据它们表现出来的或温和顺从或桀骜不驯的性格一样。我们用这个理论把所有人分成不同类别，内心里认为他们会坚定不移地秉持某些理念，顽强地同另一种思想进行斗争，希望大方的和小气的、自愿的和有顾虑的、保守的和进步的人们始终如一地坚持自己的立场，保持行为的不偏不倚。我们确信欧洲战场上存在的合作派在战争胜利后并不会转投反抗派的怀抱，正如美国国内的新政派不会在输掉政治论战后立即改变立场，支持保守派。向自己对立面转化的行为应该称作“立场转变”，这意味着与之适应的新人格的产生，类似无神论者改信天主教或者“激进思想的人”逐渐变得保守。

说实话，这种体现在西方人身上的信仰侧重对整体行为的考察，虽然不是每次都能得到证实，但是却是实实在在存在的。不管是在原始的文化还是在文明社会中，人们倾向于将自己的角色定位。追求权力的人考察自己的成败是看人们是否按他的意愿行事；渴望得到爱的人则会对自己无人问津的境况失落不已。人们总是习惯于将自己贴上各种标签，类似绝对的公正或者富有艺术气息以及有能力又顾家等。正是人们性格中的所谓“圆满状态”使他们的生活秩序井然。

让西方人理解日本人轻松自如改变行为的能力是很困难的，因为西方人的生活失去了实现这种极端行为的可能性。但是这种西方人看来自相矛盾的生活，却根深蒂固地存在于日本人的人生观中，就像我们自己对生活的态度也已经无法改变一样。值得西方人注意的是，日本人划分的世界里并没有“恶的世界”这一项。这就是说，日本人并不认为整个世界就是善与恶的战场，尽管他们也接受世界上有坏的行为。人生在他们眼中就像是一出戏，所有的因素都是好的，人们需要做的就是衡量一个世界与另一个世界、一个方针政策与另一个方针政策，然后作出选择。人也是如此，只要他遵从自己的本性，就是善良的。他们认为中国的道德规则之所以对中国有用是因为它能指出中国人的缺点，而对日本人来说则完全没有必要，这是我们已经知道的。他们并“不愿意解决恶的问题”，正如前文引用乔治·桑塞姆的话表述的那样。而且，他们觉得恶的行为不必站在宇宙的高度去说明。新生的灵魂洁白无瑕、富有光泽，就像一把新刀，需要时时打磨才能保证它的光泽度。灵魂上生出的锈迹会像刀的锈迹一样腐蚀它自身，这就要求人们不断地打磨自己的品行，洗净灵魂上的斑斑锈迹，使其光辉再现。

西方人看不明白日本的神话、小说和戏剧，就是日本人这种人生观导致的。我们总是改写这些文学作品以与我们思想中善恶相争和性格不变的观念相符合。日本人对这些情节的看法与我们有显著不同，他们讨论的焦点集中于英雄在情理与感官快乐、忠和孝以及情理和义务之间的挣扎取舍。主角最终失败的原因在于感官快乐战胜了情理或者在忠与孝的冲突中，他迫于情理放弃了正义或者在情理的束缚下牺牲了家庭。这些矛盾本身是两种义务，它们都属于善的范畴，这样的选择就像欠债者在众多要还的债务中选择了其中一种优先归还，而暂时搁置了其他应还的债务，并且偿还完这一笔，还要接着还下一笔。

西方人对主角人物的看法与日本截然相反。在我们看来，主角的圆满结局是理所应当的，因为他代表善的一面取得了对恶战争的胜利，这种精神道德上的胜利应该获得回报。日本人却热衷于欠社会恩情又竭力保住自己名分上的主角，他通常无法在二者之中选择，最终只能在这种矛盾中死去。这类故事在日本并不像在其他国家中那样属于教导人们服从命运的类型，相反它还激励着日本人的主动出击并展现出他们坚强的意志。主角人物暂时忽略其他义务以完成其中某一项，后来又与他们忽略的那部分发生冲突。

并没得到世界人民普遍认可的《四十七士物语》是日本民族的史诗级作品，在日本民众的心目中有着崇高的地位。儿童们对故事的框架烂熟于心，甚至连一些细枝末节的地方也很了解。大人们则将这些故事反复印刷出来以供传播，以这些故事为原型的电影非常流行。日本人将四十七士的墓地看作非常神圣的地方，访问的人如此多，以至于他们的访问卡摆满了墓地周围，看上去白茫茫一片。

对君主的“情理”是《四十七士物语》的主题，展现的是日本人认为的“情理”与“忠”、“情理”与“正义”之间的矛盾，毫无疑问，获得道德上胜利的总是“情理”。此外，它还描写了“纯粹情理”和“无限情理”之间的矛盾。故事发生在 1703 年，那时日本的封建社会正处于强劲的上升阶段，所有的男子在日本人想象中都是顶天立地的人，他们从没有“不愿意完成的情理”，在接连失去了名誉、亲人、正义和其他的所有之后，四十七个英雄选择了自杀来表示自己的忠诚。

那个时候，大名有定期向幕府将军称臣的义务，地方大名浅野侯是幕府将军选择出来的其中一位司仪，他必须和另外一位司仪一起向富有声望的幕府大名吉良侯学习礼仪。但是故事主角大石作为浅野侯最有智慧的家臣因故没能随行，无法为君主一路打点。疏于人情世故的浅野侯就在这里出现了失误，他给吉良侯准备的礼物很不充分。而另外一位司仪在家臣的指导下给吉良侯赠送了价值丰厚的礼物。吉良侯由此对浅野侯心生不满，并告诉他错误的信息，让他在仪式上穿根本不合适的衣服。浅野侯在仪式开始当天因为吉良侯的误导穿了不得体的衣服，他发现自己被骗之后，拔出刀子砍伤了吉良侯的额头，之后被周围的人拉开。浅野侯向吉良侯复仇以维护名誉的行为符合“名分上的情理”，但是在幕府将军殿前拔刀的行为属于不忠，他必须按照规定切腹自杀来表示忠心。于是，浅野侯回到家里便作好切腹的一切准备，等待大石回来，与他这最有智慧也最忠诚的家臣告别。两人对视很久，以此作为告别的方式，之后，浅野侯坐在那里将刀子切入腹部流血而死。浅野侯的不忠让幕府将军愤怒，这直接导致他的家业没有人愿意继承，于是封地被收回，浅野侯的家臣四散而去，成为浪人。

事实上，浅野侯的下属“出于情理”应该追随主君去死以报答浅野侯的恩情，他们这种自杀行为本身就是对吉良的抗议。但是大石却坚信为浅野侯报仇比切腹自杀更能展现他们对主君的情理，浅野侯当时的复仇因为被人拉开而终止，现在大石决定接替主君去完成这一行为杀死吉良。然而杀死吉良是对幕府不忠的表现，并且幕府将军根本不会批准这些人去杀害与他们关系亲近的吉良。日本当时有一些惯用的办法来解决“忠”和“情理”之间的冲突，例如志在复仇的人必须将他的计划告知幕府将军以确定一个最终期限，超出这个时间他就必须放弃自己的计划，不得再寻仇。但是大石和他的伙伴们无法采用这种办法，于是大石暂时隐瞒了刺杀吉良的计划，把那些浪人都聚集在一起，他们曾经都是浅野侯的下属。要解决的下一个问题是选择哪些人一起去复仇，据1940年日本教科书记载，这批浪人数量多达300余人，不是每个人都“兼备情理与真诚”，也就是拥有所谓的“无限情理”。并且向吉良复仇的行为艰险异常，容不得那些复仇意志不坚定的人存在。大石想出的解决问题的办法是他询问大家怎样分配主君的家产，并根据浪人们的回答来择出“兼备情理与真诚”的人，而去掉那些只有“纯粹情理”的人，因为那些不愿意自杀的人是非常希望分到财产的。这个办法果然奏效，作为家臣中俸禄最高的人，主管要求按等级高低来分配家产，并得到许多级别高的家臣拥护，而另外一批则以大石为首，他们主张平均分配。虽然两派的观点存在较大差异，但是这种分歧正好让大石分辨出了那些只有“纯粹情理”的人，他以总管坚持的方式划分了家产。总管带着获得利益的家臣离开了，他因此也被称为“走狗武士”“情理不通的人”以及罪恶之人。余下的四十七个武士坚定地维护了他们对主君的情理，大石将复仇计划和盘托出，大家割开手指，以血起誓将以“情理”为最高指导思想，坚定不移地完成复仇的任务，任何信仰、感情或者其他义务都无法阻挡。

首要的任务是让吉良松懈下来，察觉不到他们的复仇计划。浪人们假装抛弃了自己的荣誉，整日无所事事。大石为了避免连累家人，采用了日本社会即将有出格行为的人们经常使用的办法，即成天在低级妓院逗留，并寻衅滋事，这种表面上不得体且自暴自弃的生活方式最终让他成功地结束了与妻子的婚姻关系。大石的妻子对他失望透顶，选择了离开，他的儿子成为浪人的一个成员。

尽管整个东京城崇敬浪人的人们都认为他们会杀掉吉良侯以完成复仇，但是四十七士没有一个人承认，他们伪装成“情理不通”的人，不仅被妻子抛弃、被岳父强制赶出家门，还被朋友嘲笑。有一次，大石喝醉了跟女人调笑的时候被他的朋友撞见，在被问到是否有复仇的计划时，他丝毫没有透露并假装表现出非常震惊的样子，还说他要及时行乐，根本不会将时间浪费在复仇上，有那空闲还不如去喝酒。他的朋友觉得大石一定是在开玩笑，于是抽出大石的佩刀，要用锋利无比的刀刃来证明大石说的话并不认真。可是让他大跌眼镜的是，刀子锈迹斑斑，说明大石并没有撒谎，他在大街上对这个酒鬼又踢又打，还吐了唾沫以示不耻。

浪人中有人卖掉妻子来筹措资金，这个女人的哥哥也是个浪人，在得知妹妹知晓他们的计划后，决定杀死她以示忠诚，获取大石对他加入复仇行动的批准。也有浪人杀掉岳父，还有浪人将自己的妹妹送给吉良侯做小妾以当内应，从里面告诉大家动手时间的确切消息。这个做卧底的女孩在完成复仇后必须自杀，以此来洗刷她侍奉吉良侯的耻辱。

浪人们趁着吉良 12 月 24 日举行夜宴的机会对吉良侯的府邸进行了突然袭击，那时正下着鹅毛大雪，大多数侍卫都酩酊大醉。浪人们突破留守侍卫的防护，却并没有在吉良侯的卧室找到他的踪迹。有人上去摸了下被褥，还有人体留下的温度，大家知道吉良侯肯定是听见动静藏在某个地方。在放木炭的小屋里，大家隐隐约约看见有一个人蹲在那里，其中一个浪人举起长矛刺去，收回时却并没有血迹。事实上，吉良被长矛刺中了，但是他在长矛收回的时候快速擦干了血迹，以此造成那里没人的假象。浪人们没有被他这小伎俩蒙骗，吉良被浪人们拉出来的时候，并不承认自己的身份，还说自己只是个管家。有人想起当初发生冲突的时候，浅野侯曾拿刀砍向吉良侯的额头，大家立即查看，结果证明此人正是吉良侯。浪人们要求吉良侯自杀却被拒绝，这个胆小鬼不敢切腹。浪人们不再耽搁，用浅野侯切腹的刀砍下吉良侯的脑袋，并清洗干净，带着那把刀一起，排列整齐地走向浅野侯的墓地，他们的复仇至此彻底完成。

浪人们的复仇行为震动了整个东京城。那些误解他们的亲人听说此事后，对他们展现出最高的敬意，并和他们拥抱，沿路各大藩诸侯也热情地招待他们。他们不仅将刀和吉良侯的脑袋拿到墓地，还起草了祭文以纪念主君浅野侯。这个祭文流传至今，主要意思是：

四十七士为主君祭灵……在完成复仇大业之前，我们无颜来此拜见。一晃 3 年过去了，我们惶恐不安……今天以吉良的首级为您祭祀。这把刀是您当日使用的，我们保管至今，现在将刀物归原主，希望主君用这把刀杀敌以雪耻辱。四十七士谨祭。

复仇完成后，浪人们报答了主君的“情理”，但是他们还需以死表明忠心。这是因为他们违反了法律，在复仇之前并没有向幕府将军上报。他们既然没有违背忠心，就要完成“忠”提出的所有任务，最终幕府决定让四十七士切腹自杀。现在小学五年级的课外读物上有这样的话：

他们遵循“情理”，为主君报仇的行为值得我们永世景仰……幕府再三考虑，命令他们切腹，以此实现“忠”与“情理”的两全。

这首民族史诗的不同版本在日本有些许不同之处。现代电影中将故事开始的情节由贿赂改成了色情，吉良对浅野的妻子垂涎不已，妄图霸占她才故意给浅野错误的信息，让他因此遭受羞辱。在这里，行贿的情节被去掉，着墨更多的是关于“情理”的义务和责任。“他们为了保全情理，不惜妻离子散，家破人亡。”

很多故事和电影都着重凸显“义务”与“情理”之间的矛盾。有一部历史电影以德川幕府第三将军时期为背景，它是同类电影中表现最卓越的。幕府将军继位时曾有过争议，有人推荐另外一位近亲以替代后来这位德川幕府的第三代将军，虽然这个未涉世事的年轻人在登统后展现了杰出的政治能力，但是拥立失败的一派觉得受到了侮辱，仍有人对他怀恨在心，特别是提出替代者的那个大名，他总是寻找机会，希望报仇雪恨。有一次，将军巡视到该大名的领地，要求他负责接待事宜。这个大名非常兴奋，准备一举解决将军，以恢复自己的清誉。他堵住了自己府邸的全部出口并封锁要塞，将那里变成一个死亡之地。之后，他对房屋动了手脚，准备以此压死将军一行人。宴会开始的时候很平静，他盛情地招待了将军，并命手下的武士为将军舞刀取乐，事实上，他早就交代过这个武士，让他在舞刀的间隙杀掉将军。这名武士进退两难，因为他不能违背主君的“情理”，又不能背叛所谓的“忠”，他的内心经历着二者的激烈冲突，舞刀舞得心不在焉。凌乱的舞姿让将军心生疑窦，他带着随从起身离开的时候，大名下令毁坏房屋。房屋塌下的杀伤力是非常强大的，眼看将军就要葬身在这屋子里，舞刀的武士上去引导着将军他们由密道逃了出去，最终顺利脱离了危险。这个选择“忠”而违背“情理”的武士婉拒了将军对他的挽留和许下的荣华富贵的承诺，回到屋子里接受了死亡。他说他必须留下来以成全自己的“情理”，“‘忠’和‘情理’因为他的死去而得到了共生”。相比于古代，近代故事总是着重刻画义务和感官快乐之间的矛盾。

放弃爱情和温情以成全“义务”和“情理”的内容不仅没有逐渐消失，反而得到了更多的关注，它是近代小说里最为常见的主题。在我们西方人看来，这种小说虽然牺牲了一些东西，反而表达出对自由生活的追求和对内心真实想法的遵循，这种反差在前面讲到日本电影时也曾出现过，他们拍出的沉默严肃的战争反而被我们认为是对反战思想的宣传。不过，在对日本电影某些情节的评价上，日本人与我们表现出极大的分歧，我们赞扬的东西通常在他们看来并不值得肯定。例如，我们欣赏主角人物可能因为他有美好的爱情、充满希望和有理想抱负，但是日本人却认为他软弱的性格和多情会妨碍他履行“义务”和“情理”。在我们看来，不遵循陈规旧俗、突破阻力和为幸福努力意味着坚强的性格，日本人却认为坚强的性格不是产生于反抗，而是来源于服从，因此那些牺牲个人幸福、完美履行义务的人才是他们心目中的强者。

日本人也用同样的语言评价他们自己以及朋友的生活。判断一个人是否坚强，他们的做法是看一个人在欲望和义务二者之间的选择，要是他选择了欲望，就会被人们当作弱者，反之则是强者。丈夫对妻子的态度，是日本人对待所有这些关系的态度中，与西方差异最大的。父母是“孝的世界”的绝对中心，妻子则没什么地位，这就是说要是母亲要儿子离婚的话，一个富有道德感的人会毫不犹豫服从命令以维持“孝”的“情理”，哪怕他与妻子彼此相爱或者两人已经育有子女，也没有反抗的余地，据说这样能使他更“坚强”。他们说：“要是孝道要求的话，人们可以连妻儿都不认的。”妻子儿女对一个男人来说只属于“仁的世界”的一部分，他们没有对丈夫提出要求的权利，这一点是不好的。丈夫与妻子的关系永远比不上他对父母或者祖国的感情，即便是在幸福和谐的婚姻家庭中，妻子也不是他义务世界最重要的部分。一个著名的自由主义者曾在20世纪30年代公开演讲回到日本的兴奋之情，并认为这种兴奋有一部分原因在于能和妻子见面，这样的话语受到大家的非议，他们认为不应将妻子提到这样的高度，他兴奋只能是因为父母、富士山和他甘愿为祖国献身的精神。

这种极端看重等级和范围的道德准则也遭到了现代日本人的批评。就像政治家们将天皇置于不可亵渎的地位，并放弃将军和领主制以简化等级制度一样，日本的教育家们努力将“忠”的地位提高，并在道德领域采取措施进行简化，将所有级别较低的道德归入“忠”的范围。这样一来，日本人除了建立“天皇崇拜”影响下的政治制度以统一国家，还加强了日本人之间的凝聚力。这种教育让人把“忠”的义务放在优先履行的地位，他们的目的在于保证“忠”的地位既要留在地图上，更要深入人们的道德内心。

明治天皇发布于1882年的《天皇敕谕》不仅是对这个计划最

好的解释，同时也是最权威的宣言。日本的宗教都没有经典文献，包括神道、佛教教义并没有被明确地以文字方式记载下来，取而代之的是不断重复“南无阿弥陀佛”和“南无妙法莲华经”这样的口号。《天皇敕谕》和《教育敕谕》作为日本仅有的圣典，人们在它被宣读的时候表现得无比恭敬，安安静静地听取教导，那场面神圣得就像在举行宗教仪式，要是被指定读敕谕的人偶尔有什么小失误读错一句，他就会以死谢罪。他们对待这经典就像西方人对待旧约五书的态度，阅读完毕会小心翼翼地将书收起来好归还。颁发给现役军人的《军人敕谕》则要求军人们将它的内容熟记于心，并每天花 10 分钟晨起默想。人们会在重要的节日和新兵入伍以及军人复员这样的时刻，郑重其事地在军人面前宣读。此外，被要求学习这项敕谕的还有中学生和成人教育的学生。

内容长达几页的《军人敕谕》虽然体例严谨且结构清晰，但是西方人却难以理解里面那些互相冲突的规则。如果说把善良和德行当作最终的标杆西方人还可以接受的话，那么他们所说的避免人们像古代那样不体面地死掉的原因则让人无法理解了，他们的官方翻译解释这些人是“忽略公道，惯循私情”，这样的转述不是逐字翻译，但是原本的意思已经表达出来。敕令后面紧接着说：“你们要以此为鉴，牢记于心。”

西方人很难理解这里“告诫”的含义，除非他对日本人划分义务的方式有足够的了解。在这个敕谕里，官方要实现的是体现“忠”至高无上的地位，而尽量缩减“情理”的成分，以至于“情理”一词通篇都没有出现，尽管这是日本最常见的词语。与之相对，“大义”“小义”的观念在《敕谕》里屡被提及，它认为“忠”是“大义”，“徇私情”是“小义”，履行了“忠”的义务就履行了其他一切义务。里面有这样的话语：“所谓的义就是实现自己本分应做的义务。”只有尽忠的人才会拥有“大勇”，意思是“平时待人接物要温和有礼以得到人们的尊敬”。它力图说服人们相信这个规则可以让他们避开“情理”的束缚，让人们谨慎考虑“义务”之外的责任，因为它们都是小义。《敕谕》说：

在私人情义和正义发生冲突的时候，要再三考虑能否两全。如果轻率地选择了私人情义，就将陷入进退两难的境地。在得知无法实现二者的调和时，要毫不迟疑地放弃私人情义。古往今来，数不清的英雄屈服于命运，声名狼藉，被后世耻笑，他们的主要失误就在于错误地坚持小义而放弃了或者忽略了大义。

就像我们之前说的那样，这段训诫虽然并没有提到“情理”，却极力地凸显“忠”的地位，而压制“情理”的地位。日本人对这句话应该不陌生：“我不能坚持正义的原因，是‘情理’不允许。”注释中明确指出放弃“情理”这种小义并不妨碍人们成为有德行的人，并以天皇的权威要求人们遵从“忠”这种比“情理”更高一级的规则。

作为日本基本文件之一，这份颂扬“忠”的圣典极力压制“情理”，这种行为有没有减弱对“情理”的制约是很难说的。“所谓的义就是实现自己应做的义务”和“精诚所至，金石为开”，这些出自《敕谕》的话语总是被日本人引用，来辩护自己或别人的行为。但是他们的引用中却很少说起那些告诫人们不要徇私情的教导。事实上，“情理”的影响绵延百年而不衰，在今天说人“不懂情理”依然是程度严重的指责。

即便是引入一个“大节”的概念，也难以对日本的伦理体系进行简化。他们自己也经常夸耀，说他们国家没有一种道德是普遍适用于善行的，根本没有现存的道德能够检验人的善良。在多数文化体系里，人们都能从优点中获得自尊，例如善良、富有管理才能或者事业风生水起，他们的生活目标就在于得到快乐、权利、自由或者其他社会才能。但是日本人于此截然不同，他们的准则更为特别，“大义”在封建时代和《军人敕谕》中都代表着这样一层意思，人们倾向于尊敬对级别高的人履行的义务，而对级别低的人不如此。并且他们理解的“大义”的含义也与西方人不同，西方人将它解释成完全忠诚，而日本人则认为它的对象只是某些特定的人或目标。

“诚”往往被近代日本选择出来提升到一定高度，来统领所有的道德准则。大隈伯爵曾说过下面的话来评价日本的道德，他说：“‘诚’是统领所有规则的原则，道德教化的基础便在于此。在我们的古代，只有‘诚’这个字是唯一有关道德的术语。”日本的现代小说家也赞同这一提议，认为“诚”作为真正的“主义”是唯一的，而在20世纪初，他们还非常欣赏西方个人主义的思想。

此外，《军人敕谕》中也十分赞成这种重视道德上的“诚”的行为。正如美国华盛顿、杰斐逊等国父的文件一样，敕谕的序言站在了一种历史性的高度，它对“恩”和“忠”的颂扬无与伦比：

我是你们的首领，你们就相当于我的兄弟，我能否保卫国家、回报祖先，取决于你们的忠诚程度。

后面是五条原则：

第一条履行“忠”的义务是最高的德行，善战而不“忠”的士兵根本没有价值，不“忠”的军队更是毫无战斗力。“这就是说，不要为人们的评论而动摇，不要干涉政事，要坚贞如一，坚信死是微不足道的，‘义’是最应坚持的。”

第二条是要按照军人级别来做事，遵守上级的命令。“上级要照顾下级，下级则应坚定执行上级的命令。”

第三条是要勇敢尚武。不同于“粗暴好战的行为”，真正的勇武意味着“不小看弱小的敌人，也不害怕强大的敌人。尚武之人在与人交往中要温和有礼，以获得别人的尊敬”。

第四条是勿徇私情。

第五条是厉行节约。“不崇尚节俭的人肯定会日益轻浮，并热爱奢侈，最终变得自私自利，卑鄙无耻，沦落至社会底层。即使有忠勇之才，也会为世人所不耻……我对此很不放心，害怕越来越严重，所以再三嘱咐。”

这五条训诫被称为“军魂”，《军人敕谕》的最后说它们是“天地之大道，人性之纲常”。事实上，“诚”是这五条训诫的中心思想，“要是心不诚，即便他的各项行为都值得赞扬，也是没有用的；只要心诚，任何事都能做到”，还认为这五条规则“并非难以实行”。日本的典型特征在这里表现得非常彻底，《军人敕谕》认为它列出的所有美好德行都是“诚”的作用。不同于中国人以“仁爱”为一切德行的基础，日本人在要求人们一心一意、为履行义务全力以赴之前，会先确定义务的准则。

禅宗是佛教的主要教派，诚在它的教义里有同样的意义。一段记载于铃木大拙禅宗大要中的师徒谈话这样说：

僧问：就像我们知道的那样，凶猛的狮子抓捕野兽，不管是兔子还是大象，都竭尽全力，这种力从何而来？

师曰：来自诚心，指的是不欺之力。

诚就是不欺的意思，也指的是“全力以赴”，禅语所说的

“合体之用”……不保留，不掩饰，不浪费。这样生活的人可以算得上是金狮了，这样至诚至刚、一心一意是神人才能做到的。

上文已经解释过“诚”的含义，但是要说明的是，“诚”在日语中的含义与英语中并不相同，它虽然范围更加狭窄，内涵反而更加丰富。对于日语“诚”范围狭窄这个问题，西方人很快就意识到了。一般来说，日本人会在别人与他看法不一致的时候，说此人不诚，这是没错的。但是他们说某人“诚”，却并不意味着认可他的爱恨、决断或者表现出的惊讶是发自内心。与日本人存在差异的是，美国人总是说“对于见到我，他是发自内心地开心”或者“真心地开心”这样的话语，来表达他们对别人的赞赏。日本人有许多谚语，例如“那只青蛙嘴巴张开的时候，人们能一眼看见它肚子中的东西”或者“完全明白他的想法，就像石榴已经裂开一样”，这类谚语都表现出对“诚”的蔑视。这些在美国人看来很关键的“诚”的含义，在日本却根本找不到。就像那个日本孩子指责美国传教士“不真诚”时，根本没有想到，也许那个美国人对这个孩子的计划是发自内心的惊讶，因为这个小孩身无分文，却立志去美国。过去10年，日本政治家对美英两国“不诚”的指责数不胜数，至于西方人是否将那些行为定义为不诚，他们则并不关心。并且，他们也不用伪善这种轻微责备的口吻去指责他们。正如《军人敕谕》的内容一样，当它说“诚是所有规则的精华”时，并不意味着它承认这种让人言行一致、出自真心的德行可以实现其他所有德行，更不是说人们要忽略信仰的差异而坚定地维护“诚”的德行。

但是，日语中“诚”的积极意义也不容忽视。以西方人的立场来看，重要的是精准地把握日本人行为中“诚”的内涵，因为他们对这种道德观念的作用表现出相当程度的重视。《四十七士物语》恰当地解释了“诚”的基本内容，不同于“纯粹的情理”，“真诚的情理”指的是“被万世景仰的情理”，“诚”在故事中只是作为“情理”的附属含义出现的。日本人认为“诚”使日本道德中的全部准则或“日本精神”包含的所有态度得以维持和延续。

像《四十七士物语》这样的用法，在战争期间日本人向收容所移民的行为中也有所体现。在那里，人们可以清楚地看见“诚”的延伸含义所能触及的程度，也能明白它的用法跟美国人的巨大差异。第一代移居美国的日本人更加亲近日本，他们经常指责第二代相对亲美的移民欠缺“诚”，认为第二代移民的品质里面没有所谓的“日本精神”，也就是战时所讲的“坚持”。但是，他们丝毫没有说第二代移民伪善的意思，并且第二代移民自愿成为美国军队的一员、对美国表现出发自内心的喜爱与支持的行为，似乎给第一代移民的指责增加了证据，使他们显得更加底气十足。

以日本道德准则和“日本精神”为指导来走自己的路，这是日本人认为的“诚”的基本内容。“诚”在任何情景下的含义都可解释成对“日本精神”某一方面的歌颂或者是对日本道德准则的歌颂。我们要极其关注日本资料上出现的“诚”字，它的含义与美国人理解的截然不同，日本人主要用它来表示对某种行为的欣赏及对与此行为相对的某类行为的厌恶。首先，日本人将那些大公无私的人称赞为“诚”，表现了他们伦理中对谋利行为的厌恶，在他们看来，只要利益不是来源于等级制的自然分配就属于剥削，获利的中介人总是被人当高利贷者一样讨厌，人们会说这些中介人“不诚”。其次，日本人还称那些理智的人为“诚”，这是对他们自律观念的直接反应。他们认为，“诚实”的日本人不会承担风险去伤害一个本意善良的人。这就是说，在日本人看来，人们除了要对自己的行为负责外，还要对自己行为所带来的影响负责。此外，能够“领导他人”、不被自己内心矛盾动摇地将个人才能发挥出来，这样的人也能配得上“诚”的评价。日本伦理的同质性在这些含义中表现得非常清楚明白，同时这些含义还指出这样一个道理，日本人在遵循这类准则的基础上，才能既不被内心矛盾阻碍，又能完美地展现自己的才能。

“诚”并没有因为《军人敕谕》和大隈伯爵的推崇使日本的道德体系得到简化，它仍旧有着复杂而广泛的含义，并且，它不是日本道德准则的基础和“精神实质”二者中的任何一个。“诚”只是拔高日本的道德，它的作用就相当于数字上的指数，意义在于增加这个数字的倍数。例如 a 的二次方除了可以被认为是 9 的二次方，还能理解为是 159 的二次方，或者别的 b 以及 x 的二次方。“诚”依赖于日本人对它的强烈热衷，其本身好像并不是一种独立的道德准则。

日本的道德体系似乎并没有因为日本人所做的各种改进而得到简化，它依然层次众多且状态分散。各个步骤之间的适当平衡以及行动本身并无恶意，仍旧是他们的道德原则。而他们的伦理体系与桥牌比赛的规矩十分类似。表现卓越的选手通常是那些严格遵守规则，并以规则指导行动的人，他们总是能够不突破规则而明白对手的目的，失利选手的状态与之正好相反。这样的比赛规则会预先设定比分，包含了一切可能。在我们看来，他们这种全盘考虑、细致入微的行为，类似于“霍伊尔”规则，我们看重的善意在他们眼中根本无关紧要。

人们在失去或者得到自尊的情境中说出来的话最能表现他们的人生观，这一点在任何语言中都一样。英语中“尊重自己”的含义在于以一个有价值的行为标准要求自己，既不会屈服于他人，也不会撒谎或者作伪证，日语中的含义则与此截然不同。“自重”字面意思是“自我尊重”，反义词是“自我轻薄”，它在日本通常意味着宣称自己的谨慎稳重。人们说“你要自重”的意思是提醒你恰当地看待自身环境，不要做一些事被别人指责或者降低自己成功的概率，而“你要自重”在政治上的含义则在于暗示“自重的人”不要轻易被某些“危险思想”动摇，陷入不自重的境地。这与美国人所理解的含义存在较大分歧，我们将雇员说的“我要自重”理解为他不会对雇主说出不得体的话给自己惹麻烦，尽管他并非是为自己的权利而斗争，将“你要自重”解释为个人自尊不允许他埋没良心说违心的话，即便是在思想危险的情况下。

日本家长经常说“你要自重”这句话，来对子女进行教导，它是在提醒子女注意自己的行为，必须表现得体，以符合别人的寄望。人们教导女孩坐的时候不要乱动，并应该将双腿放在合适的地方，教育男孩加强锻炼，学会鉴貌辨色，“认为每一刻都能够决定未来”。父母批评孩子们“行为不自重”，并非说他们不敢坚持己见，而是指责他们的行为不够恰当。

农民无力还债时说“我应该更自重”，是说他没能考虑到自己的支付能力有所欠缺，并非承认自己的懒散或者讨好债主。社会地位高的人说“出于自重的要求”，是说他应该全面考虑门第身份来做事，并非意味着他以直率、正义为原则。

实业家说“我们要自重”，就是说他们要表现得更加谨慎稳重。人们说“自重地复仇”，这意思在于他要全面考虑复仇的各项因素，并完美地实现，而不意味着他会遵循道德准则的规定，或者“在仇敌的头上堆满炭火”。“以自重加倍自重”的语气在日语中最为强烈，它的意思在于不轻率作决定，而是极其慎重地考虑，为实现目的使用最恰当的方式和付出。

人活在世上要表现得谨小慎微，遵循“霍伊尔”规则，这就是日本人的人生观，而它包含了上述所有“自重”的内涵。这就是说，人们不能容忍个人失败后找借口，即便是有善意的理由也不能让人们接受，因为个人对自己行为的后果负有不可推卸的责任，他本应该考虑周到的。人们可以对别人给予帮助，但是最好表现机智，以免给受恩者造成思想负担。要是能够承担非议别人可能带来的怨恨，那么人们也可以去批评别人，如果他愿意的话。美国传教士被年轻画家指责伤害了他的自尊，并非毫无道理。因为那个传教士没有考虑到自己行为的后果，这样的表现是毫无修养的，应该被谴责。

认为慎重就相当于自重的看法不仅意味着善于察言观色领会别人的意思，还包含了能够感觉到别人在对自己进行评价。他们认为“自重的原因在于存在社会”，“当社会不存在就无需自重”，这样的叙述看重的不是个人对这些行为的态度，而是别人对自重行为的认可。事实上，这样的表述带有夸张的成分，正如许多别的国家的俗语一样，但是日本人经常会感觉到自己的罪恶，程度强烈得就像清教徒的反省。然而，相比于“罪”，日本人更看重“耻”的观点正是在这些极端的叙述中，才得到了恰如其分的表现。

以“耻”为基础的文化和以“罪”为基础的文化之间差异较大，对这种差异的研究在任何文化中都是一个关键之处。“罪感文化”的含义在于社会不仅用绝对的道德标准教化人民，还将人们随时间变化的道德感作为社会的基础，符合这个定义的文化即可认定为“罪感文化”。但是，这种社会中的人要是因为不够灵敏而自责不已的话，他会感到羞耻，尽管他跟犯罪毫无关系，甚至困扰他的还包括衣着不合适或者说错话这样的事情。要是人们对我们所认为的那些应该产生负罪感的行为只有懊恼的情绪，那么这样的社会属于以“耻”制约人们行为的文化。负罪感可以通过忏悔和赎罪等类似的行为得到缓解，但是，它们对于这样的懊恼情绪却没有丝毫的作用。尽管宗教组织和世俗的心理治疗相同点并不多，但是他们都使用了坦白的方式来缓解有罪之人的痛苦，因为忏悔能减少人们的内心压力。但是被“耻”制约的人们无法在公开自己失误或者向神父忏悔中得到解脱。错误的行径公开之前，他没有懊恼的必要，忏悔只是增添麻烦。这就是耻感文化中不存在忏悔的原因，他们不对上帝忏悔，也没有赎罪的仪式，尽管他们会向上天祈祷获得好运气。

与罪恶感文化以内心的自我惩罚不同，真正意义上的耻感文化规范行为的方式是以外部力量制约。所谓的负罪感指的是在按自我设计生活的方式为人们自豪的国家，没有人知道负罪者曾经的过失，但是他仍然为此煎熬，虽然忏悔会缓解这种负罪感。然而，“耻”更侧重他人对指责的反应，个人因为众人的谴责或者嫌弃而感到羞耻，也有可能是在他自己的想象中他会被人嘲笑。这样的情况对个人有强烈的制约作用，突出特征是有旁观者的存在。

最初美国的道德体系被决定以“罪”为基础，那是早期移居美国的清教徒的愿望。现代美国人的道德感问题在于道德的松弛，人们的羞耻感更加严重，负罪感却温和得多，这是精神病学家都看得见的问题。我们认可这样的解释，但是却并不支持以羞耻感为道德中心的看法。此外，那些由耻辱催生的个人烦恼，尽管强烈，仍然不会被归入我们的道德体系。

然而，这正是日本所采取的方式，他们理解的羞耻意味着没有达到善行的要求，不能平衡各项责任义务，以及没有考虑周全。他们将羞耻当作德行之本，认为对羞耻敏感的人会按照其他一切美德规定的原则指导自己的行为，这样的“知耻之人”不仅被称为“有德之人”，还被归入“重视名誉的人”。日本社会中羞耻感的地位就像“良心清白”“信仰上帝”“不染指罪恶”等原则在西方社会里那样至高无上。由此，日本人认为人在死后不会被惩罚。除了读过印度经典的僧侣，很少人有轮回报应的观念。死后遭报应和天堂地狱这样的理论也只存在于为数不多的日本基督教徒中。

“耻”在日本人生活中的地位非常重要，它的意义在于人们很关注别人对自己行为的评价，这样的含义在其他以“耻”为重的部落和国家也有同样的体现。别人的评价只是日本人想象中的推测，尽管如此，他仍会用它来调整自己的行为。日本人会轻装上阵，只要人们是在同样的规则下比赛并且不互相敌对。但是，要是他们认为这种比赛是为了日本的“使命”，便会赋予极大的热情。他们这种德行在进入外国范围内，极易被攻击和指责。他们所谓的实现“大东亚”的“善意”使命失败了，很多日本人便对中国人和菲律宾人感到愤怒和怨憎。

美国的道德约束没有那么严苛，那些来美国经商和学习而没有被国家主义影响的日本人感受最深，他们觉得本国教育很“失败”，原因在于过于细致。他们不关注改变文化很难这样的普遍问题，而困扰于日本文化难以输出的现状。相比较于临近日本的中国、暹罗等国人民，适应美国式生活对日本人显然更难。这些来到美国的日本人觉得他们国家的人在成长过程中，过于依赖与他人对规矩的共同认可，这种微妙的平衡在其他国家并不存在，这是日本人最大的问题。他们无法理解外国人的随意，发现西方人生活中并无与本国相似的礼节，这让他们愤怒和惊愕。

三岛女士对这种道德文化的感受很深，并在她的自传《我狭窄的岛国》中作了生动形象的表述。当时她的愿望是来美国留学，并最终得到实现，在获取家人的同意并拿到奖学金之后，她来到韦尔兹利学院。然而，她却对学校里老师和同学的友好感到不安。“所有的日本人都以自己完美的行为而自豪，可是我的自豪在这里根本没有容身之处。以前在国内接受的训练在这里显得毫无用处，这让我惊慌和懊恼，这样的情绪在一直蔓延，我对当时那段生活的全部记忆就是如此。”她觉得自己“就像来自于另外一个星球，原本秉持的思想和感情根本没有任何帮助。我在一直以来的教育中被要求行为端庄、话语得体，这让我对环境感到无所适从，也没有办法展开社交”。直到她去美国两三年之后，才能够不那么紧张，对别人的善意也逐渐适应。她意识到美国人生活中的那种“优雅的亲密感”在日本却被当成粗鲁无礼的行为，而她自己的亲密感在 3 岁时就被彻底清除掉了。

美国对中国女孩和对日本女孩的影响不尽相同，这在三岛女士对二者进行的对比中有所体现。她认为中国女孩拥有“稳重的性格和较强的社交能力，在我眼里，这些端庄的中国上流社会女孩能算得上是世界上最优雅的动物，她们全部具有高贵的仪表，就像每个人都出自皇族一样，看上去就像世界真正的女主人，而她们的沉着淡定丝毫没有被美国这样高度发达的文明所扰乱。所有这一切都是日本女孩无法想象的，我们总是表现得过于害羞和谨小慎微，这种差异根源于我们生存的社会环境不同”。

三岛女士就像一名即将参加网球联赛的职业球员，她曾经的训练毫无用处，以前学习的内容在这个全新的环境里完全失去了意义。她不明白，美国人不需要这些训练的原因。事实上，她的感受不是特例，很多日本人都表现出了这种困惑。

实际上，哪怕日本人接受的程度并不高，但是他在尝到了美国这种松散行为规范的甜头后，就很难再完全恢复到他们之前所过的那种循规蹈矩的生活中去。日本人将他们曾经的生活说成失乐园、“桎梏”、“牢笼”以及“盆栽”。以盆栽为例，当它生活在花盆里，会被人当作艺术品加以欣赏，但是当它被挪到宽阔的土地上生存的时候，就失去了盆栽的意义。正是如此，那些已经接受美国文化的日本人无法继续以花园中装饰品的样子存在，他们丢掉了曾经接受的训练和教育，深深地陷入了日本的道德困境中。

第十一章 自我修养

日本民族所要求的修养在外国人看来往往是没有必要的。他们无法理解人们忽视简单清楚的制约手段而不断地给自己找麻烦，或者选择不花钱、将气力聚于丹田来折磨自己。外国人对这种让自己承受苦行却对冲动的情绪不加制约的行为总是迷惑不解，因为在他们看来，后者不仅有训练的必要，而且有重大意义。事实上，误解就是这样产生的，并未接受这类训练的外国人总是难以接受那些积极训练自我修养的人们的行为。

美国也有一些方式和惯例来训练自我修养，只是这些方式比较落后。我们认为，为了实现自己预定的目标，可以采取一些方式进行必要的锻炼，但是人们是否愿意这样做，要看他的抱负、良心或者维伯伦所谓的“职业本能”有没有赋予他足够的决心。志在成为足球运动员的人会选择禁欲，愿望是音乐家或者希望事业有成的人也不会花时间去娱乐，那种对目标的虔诚会让他举止稳重、避免染指罪恶。但是，只有算术才能不被现实束缚而凭空想象，美国人采取的这种训练都是以实际情况为基础而制定的。在美国，只有欧洲教派领袖或者印度教长老才能传授同样的修行，事实上，即便是默想和祈祷式修行这种源自基督教圣特丽莎或圣胡安的方式在美国也极为罕见。

日本人要求训练的人群则广泛得多。参加入学考试的少年、为剑术比赛作准备的年轻人以及高高在上的贵族，都要进行自我修养的训练，这个任务并不妨碍他们学习其他知识以完成考试。并且，就算他在考试、剑术或者观察细节上做到了无人超越的地步，仍然要暂时搁置下书籍、竹刀以及公众形象，来接受独特的训练。事实是，日本社会并非所有人都接受这种修行的训练，但是这种行为至高无上的地位却得到了所有人的承认，不修行的人也并不否认。不同阶层的日本人对自己和他人进行评价的基础却是相同的，即依赖于广泛自制的一整套概念。

培养能力和另一类我称之为“圆熟”的多于能力的东西，是日本人在他们的自我修养中划分出来的两个类别。他们做这样的分类是为了使人们的心理效果有所区别，进而形成不同的理论基础，然后根据一些标志进行区分的。我曾在本书中举例详细表述过第一类关于自我修养能力的事情。士兵在长达 16 小时的调动行军中只有 10 分钟的休息时间，要知道这还是平时演习的情况，军官对此没有丝毫的动容，他坚信“日本人对睡觉非常擅长，却对不睡觉缺乏深入认识，这就是在训练他们不睡觉的能力”。他们这种培养能力的行为，在我们眼中，要求过于严苛。这种理论却被日本人普遍接受，他们认为意念可以帮助他们忽视身体的疲惫，尽管他们在日后必定会为违反健康原则而付出代价。身体对健康的需求以及身体能否承受这样的培训都没有人关注，反而这些都必须为人生大事让路。个人修养作出再大的牺牲也是应该的，并且要将日本精神展示出来。

然而，用这样的方式来形容日本人的观点似乎有些偏激。这是由于，“个人修养作出再大牺牲也是应该的”这句话的意思基本等于美国人所说的“不惜一切”，它的含义中有“以压制自我为代价”的意思。不论男女，自幼就要接受教育以适应社会化，这种教育可能是外界施加的压力或者个人良心驱使，也有可能是心甘情愿接受的或者被强制实行的，这就是美国人对于修养上的理论。除了为美国心理学家所坚持，家庭中父母对子女的教育也秉承着同样的理念，他们认为修养里面就包含了克制自我的因素，人们为实现一定的愿望必须放弃一些东西，这种牺牲最容易让人产生抗拒。心理学家的分析包含了很多真理，为我们的社会所受用。家庭里的孩子到了某个时间就会被父母要求去睡觉，他们很快就能明白这是对自我的一种约束。但是即便他认识到了这种约束是必须完成的，内心里仍然想要反抗，典型的动作就是睡前的吵闹，这其实就是在传达他们的不满情绪。另外，孩子的母亲还会指定一些有营养的食物给他们吃，这类东西通常是燕麦粥、菠菜、面包以及橘子汁等，但是孩子们并非表现顺从，他们会抗议，觉得这些所谓的“对人有好处”的食物并不那么可口。直到他们长大，才有了自己选择食物的权利，这个时候他们可以不必食用“对人有好处”的东西。像美国这样控制孩子饮食睡眠的情况不仅在日本相当罕见，甚至在欧洲的希腊等地也并不多见。

与西方人规模宏大的“自我牺牲”思想相比，这种控制饮食和睡眠的观念不过是小问题。在西方社会中，父母总是为孩子牺牲时间金钱，妻子为丈夫牺牲事业，丈夫为家庭牺牲自由，这种普遍的牺牲在美国是理所当然的。然而，让美国人惊讶的是，很多别的社会却并不认为人们有必要作出这种彻底的牺牲，并且这种思想在生活当中得到了真实的体现。在那里，人们对孩子的疼爱是自然流露的，妇女也是发自内心地喜欢婚姻生活，男人则做着自己热爱的工作来养家，类似打猎或者养花。在这样的社会中，根本不存在自我牺牲，并且人们按社会给出的解释生活时，也没有人认为自己牺牲了自我。

其他文化总是将美国人牺牲自己、成全他人的行为看作互惠互利的表现，因为他们要么会在将来收到投资的回报，要么就会得到与所施恩惠等量的偿还。这些国家里的人在父子关系上的表现同样如此，幼年接受父亲养育的孩子，长大后必须赡养父亲，并为他送终。各项事务之间的关系也是如此，就像契约一样，规定双方分别对等地负责保护和服务，这种双赢的罐子中，并不存在所谓的“牺牲”。

日本人服务他人是以互惠互利来进行制约的，并且这种行为在种类和级别上都要承担一定的责任，它直接导致了自我牺牲这种行为的地位在日本远远地高于美国。对于传教士极力劝说人们进行自我牺牲的行为，他们是相当反对的，并且认为为他人服务是有德之人应该做的，并不包含压抑自己的意思。曾有日本人向我表达过这样的观点，认为“那些在你们看来是自我牺牲的事情，我们不仅不会为自己的付出而遗憾，反而认为这是有利于我们自身而心甘情愿去做的。我们不会将自己的牺牲当作提高精神境界的武器，也不是寄希望于得到报答，实际上，我们就算付出再多也毫无怨言”。日本人的社会生活由细致入微的义务相互关联起来，他们不会将自我牺牲当作大事来看待。至于“对自我的怜悯”和“自以为是”这两种常见于热衷个人主义和竞争的国家里的感情，在日本反而并不多见，因为它们被日本传统上互惠的意识所阻碍了，尽管他们会履行各种各样的极端义务。

美国人需要将“自我修养”这个概念中附加的“自我牺牲”和“抑制”的成分去除掉，然后才能彻底地明白日本人训练自我修养的行为。日本人认为，志在成为一流运动员的人就应该接受残酷而严格的训练，这不涉及牺牲的范围，而是理所应当的。不知忧愁的孩子们是体会不到人生的真正滋味的。人们必须接受精神上的训练，以获取足够的能力来体会人生百味。这句话的意思往往被翻译为“这是人们享受人生的唯一前提”。自我修养能使自制力所在的丹田得到锻炼，进而拓宽人生。

自我修养能使人们处理生活的能力趋于完美，这是日本对于自我修养“能力”上的基本理论。训练中的焦躁不安维持的时间并不长久，因为人们很快就会作出决定是喜欢并坚持下去，还是彻底丢掉放弃。学徒学习商业、少年练习柔道或者新媳妇练习婆婆的节奏，在刚开始的时候，都会因为不适应而想要逃避，这样的反应是无可厚非的。这些人的父亲会对他们倦怠的表现进行指责："人总是要选择自己真正想要的东西，训练是体会生活的前提，要是你愿意放弃对修养的训练，就会过得不快乐。到时候结果不如意，我不会因为偏袒你而承担众人的谴责。"他们认为修养的作用就在于剔除掉身体上的锈迹，希望以此获得重生。

自我修养确实有很多好处，上面列举的都是如此，但是这些并不能说明日本道德中那些极端的方式没有压抑人们，更无法保证这种压抑能避免攻击性的冲动。美国人能够理解这种区别，特别是在游戏和体育锻炼上，桥牌冠军不会认为他苦练桥牌技艺的行为是一种牺牲，因为那是为夺冠所作的付出，无关"压抑"。但是，根据医生们的意见来看，胃溃疡和身体紧绷的情况与人们下大赌注或争夺冠军的行为中注意力高度集中的方式有着紧密的联系。这样的情况在日本也同样存在。但是对于日本人来说容易接受的观点，包括对互惠观念的看法和他们坚信自我修养的益处，让美国人接受则非常困难。与美国人相比，日本人不仅更关注自己能力范围内的事情，并且很少为自己找借口开脱和找替罪羊以发泄自己对生活的反抗。他们不会过于自我怜悯，即便是没有获得美国人所说的"平均幸福"。此外，相比于美国人，由于所受训练的原因，日本人对身体上的"锈迹"会给予更多的注意。

高于培养"能力"的自我修养是另外一个层面"圆熟"。仅仅以日本书籍上获得的知识来体会日本人对于"圆熟"的解释，这个困难对西方人来说是巨大的。有一些研究日本的学者总是忽略这个问题，而将它们笼统地称之为"怪癖"。而法国学者则直接说日本人"轻视常识"，认为禅宗在"胡言乱语"，只因为禅宗最重视修养。事实上，日本人训练这种技巧的目的是可以理解的，并且对这整个课题的研究能让我们更好地理解日本人的精神构造。

对于那些已经修炼到“圆熟”境界的人，日语中有许多词汇来形容他们，它们分别用于不同的人，演员、宗教信仰者、剑术家、演说家、画家以及精通茶道的人等。但是都有共同的一个意思就是“无我”，这个词语被佛教禅宗的上层教派广泛地使用。精神与行动之间的亲密行为是“圆熟”境界的基本内容，这种行为不管是宗教的还是世俗的，都像电流一样从阳极向阴极流动。而那些没有达到这种境界的人，就会有绝缘体横亘在他们的精神和行动之间，阻碍这种流动，这种状况被日本人称为“奉行自我”“妨碍自我”，但是这种阻碍可以通过训练来破除。而达到“圆熟”境界的人甚至根本意识不到他在做，就像电流在电路中的畅通无阻，这种境界被称为“一点”，意思是说个人的行动与他脑海里所想的东西完全同步。

对“圆熟”境界的渴望，在日本非常普遍，即使是最平凡的人也有这样的理想。查尔斯·艾略特是英国佛教研究上最成功的人之一，他曾讲过一个故事很好地说明了这个问题。一个女学生想成为基督徒，便向东京的一个著名传教士表达了她的意愿。然而，她这样做的初衷却是为了实现搭乘飞机的梦想。这让传教士觉得莫名其妙，女学生告诉他，有人告诉她乘飞机必须表现得冷静而淡定，她认为宗教训练能完成这一目标，特地来向宗教中最好的基督教学习。

就像日本人认为乘坐飞机和基督教之间存在必然联系一样，在他们看来，考试、演讲以及政治生涯这些事情更离不开“冷静而淡定”的训练。从这里能够看出他们的观点，即任何工作都会得益于“一点”技能的培养。

日本人有其独特的目标和方法，这是区别于其他有这种技巧的文化的明显特征。更让人觉得有趣的是，他们的许多训练技术都是从印度瑜伽中演化而来，比如自我催眠、凝神以及感官控制等，这些东西都明显地受到印度修行方法的影响。在日本的某些训练术语中有明显的印度痕迹，除此之外，它们的共同点还表现在强调“空”“静”，反复重复同一句话以及凝神细看某一物体。然而，日本教派与印度的相似之处也就只有这些整体上的共同点而已。

作为印度一个厉行禁欲主义的教派，瑜伽认为从轮回中解脱的办法不外乎此。人们必须通过涅槃获得重生，然而这种涅槃之路充满了欲望，只有以饥饿、侮辱或者自我折磨这种方式才能熄灭欲望，从而清除障碍。完成这一目标后，灵性就被赋予在凡人身上，这些人就能超凡脱俗，达到神人合一的境界。人们不仅能够通过瑜伽断绝与肉欲世界的关系，还能以此逃避虚无，此外，它也是人们精神力量的来源。实际上，在他们眼里，禁欲之苦是否严重直接决定了完成旅途的速度快慢。

日本的哲学则很少有这种内容。在日本这样一个佛教盛行的国度里，世道轮回和涅槃重生的观念只为少数僧侣认可，不仅没能成为人们宗教信仰的内容，也没有影响民俗和思潮的能力。轮回和涅槃在日本人的脑海里根本不存在，他们不会因为生灵是人类的转世而放弃杀生，而且他们的葬礼和生日也不会体现出这两个因素。除了一般民众对它们的忽视外，僧侣也并非完全相信这两种观念，并且对它们进行了改造。有学问的僧人将人们所说的“顿悟”理解为“涅槃”，“涅槃”的时机以当时当地为准，甚至会在松树和野鸟中为人所见。对死后的世界不存幻想是日本人的一个明显特征，他们的神话里只有神的故事，却根本没有鬼的内容，死后会遭到报应的观念几乎没有人会接受。在他们眼里，任何人都能成佛，哪怕是社会最底层的农民也是如此。除了日本，没有国家会将供奉起来的家属灵位称为“佛”。由此我们就能看出，他们不看重涅槃的原因在于涅槃是非常艰难的过程，而在日本，平凡普通的死者即被称之为“佛”，两者对比，他们根本没有追求涅槃的必要。日本人不会用艰苦的修行去达到那种绝对静止的状态，因为他们坚信任何人都能成佛。

肉体与灵魂永远冲突的教义在日本几乎没有多少人接受。瑜伽这种修行方法能够去除掉肉体里的欲望，但是日本人并不反对“感官上的快乐”，他们认为这是智慧自身的要求，并且他们放弃享乐的原因只有一个，就是享乐影响到了对其他重大义务的履行。在对待瑜伽修行上，这样一个信条是日本人逻辑的极限，他们会丢掉一切折磨自我的行为，也不会将它看作禁欲主义的苦行。那些“顿悟”的人虽然被称为隐士，隐匿他处生活，但是他们往往挑选景色优美的地方，安逸地与妻儿一起生活。在他们看来，娶妻生子并不会影响个人的修为，也坚信灵魂和肉体并不冲突。这在日本的宗教中有所体现，它们并不会排斥僧人娶妻养家的行为，即便是佛教普及程度最好的教派也没有这样的规定。相对于衣着破烂或者忽视大自然，自我修行和生活简朴更能促人顿悟成佛。除了圣人花大量的时间吟诗赏月、品茶观花外，日本的禅宗教派还提醒信徒拒绝“三缺”：缺衣、缺食、缺眠。

神秘的修行会推动修行者达到天人合一的极乐之境，这是瑜伽哲学的终极信条，但是它在日本却并不多见。原始民族、穆斯林阿訇、印度瑜伽修行者或中世纪基督徒都相信他们会通过一定方式体验到天人合一的境界，尽管他们的教义各不相同。日本的修行方法并不神秘，他们能通过别的方式来入定，但是入定对他们来说并不是极乐的状态，而是一种方法来帮助人们通过训练以达到“一点”。不同于其他国家神秘主义者入定时五官静止的观点，禅宗却认为入定的时候，“六官”都极其敏感。味觉、触觉、视觉、嗅觉和听觉在入定时都得到修炼，而位于心中的第六感，则是超越五官的存在。分辨足音并精确地判断位置进行跟踪和入定时辨别食物的气味都是禅宗训练中的一项。第六官会从嗅觉、视觉、听觉、触觉以及味觉中获益，而人们必须使各种感官在这种状态下保持敏感。

这样的观点仅存于日本，很少出现在别的重视超感官的宗教里。修禅者不愿在入定状态下超脱自身而存在，却主张“维持自身和市民的名义”，正如尼采对古希腊人的描述。这种观点在日本很多得道高僧的言语中表现得活灵活现，尤其是道元。他建立了曹洞宗，而这个宗派自13世纪建立以来发展迅速，今天仍然是禅宗教派里影响力最广泛而深远的。道元这样描述自己的顿悟：“我发现我水平的眼睛横在垂直的鼻子上面……它在禅宗的经验中毫不神秘，就像时间的缓缓逝去，就像太阳从东方升起，月亮从西方落下。”禅宗的著作否认入定能培养除自我修养能力之外的别的能力，“禅宗不会像瑜伽那样认为通过冥想可以获取超脱自然的能力”，正如一位日本佛教徒所说。

印度瑜伽各种设想的修行基础，在日本被完全丢掉，这样热衷限定他物的日本人跟古希腊人非常相似。在日本人看来，瑜伽是完善自我的方式，通过这种方式可以达到“圆熟”的境界，这种境界的特点是人与行为的高度重合。这种训练可以自力更生并能产生实效，对人们给予一定的回报，不仅能让人合理而恰当地应付各类情况，还能将人们的思想限定在一定范围内，以防止外部危险和内部激情扰乱人们的计划。

对武士和僧人来说，这种训练都是有益无害的。禅宗成为日本人的信仰，正是在武士的推动下完成的。事实上，从禅宗对日本产生影响的时候开始，日本这种独一无二的没有神秘体验的神秘主义就已经被武士当作训练徒手搏斗的方法。12世纪，荣西这位日本禅宗的始祖就将自己的著作以《兴禅护国论》命名。为了完成世俗的目标，武士、政治家、剑术家以及大学生都被禅宗的内容教导。禅宗后来成为日本军事训练的方式，这是中国禅宗未曾预料到的，正如查尔斯·艾略特爵士所言。“禅宗成为日本文化的一个组成部分，就像茶道和能剧[1]一样。可以想见的是，这种主张冥思而神秘无比的教义放弃了从经文中寻找真理的方式，转而以精神为经验，在跌宕起伏的时代，类似十二三世纪这样的时间里，虽然不排除流行于与世无争的寺庙的可能，但是应该不会被武士们接受和喜爱，然而事实正好相反。”

强调冥思这样神秘的方式和重视自我催眠以及入定，在日本的绝大多数教派中都有所体现，佛教和神道也不例外。这些训练造成的后果被某些教派称为天神作用的结果，他们认为“他力”，即他人的协助或者慈悲佛陀的力量是它的哲学基础，依赖“自力”的禅宗表现最极端，它认为必须自己帮助自己。潜力蕴藏于自己身体的理论被广泛地认可和接受，人们乐于相信这些能量会通过努力激发出来。而这个理论与日本武士的性格最相适应，僧侣、政治家以及教育家们工作中所秉持的牢固的个人主义，都从禅宗修行中得到支撑。禅宗的教义曾明确指出：“禅所追求的是自身的光明，任何事物不得阻碍，一遇阻碍，就将彻底清除，不论是佛，是祖，还是圣。这是唯一获救的方式。”

像佛陀教诲、经文以及神学这样的间接经验是不会为追求真

1 能剧，日本的传统戏剧，一种结合了舞蹈、戏剧、音乐和诗歌的舞台剧。——译者注

理的人所接受的。“三乘十二因缘教尽是一堆废纸。”人们从中获益，并非是顿悟灵光一现的作用。正如一本禅宗对话录中记载的那样，禅师在弟子的请求下为他讲解《法华经》，但是精妙绝伦的阐释不仅没有得到弟子的赞扬，反而被他质疑禅师过于相信经书、理论和逻辑。禅师则解释说，禅认为真知在经文之外，而并非一无所知，他给弟子所讲的只是经文的含义，并不知道弟子问的是求知之道。

教导弟子求得“真知”，是禅师传授的传统训练的主要内容。这种训练既包括身体上的，也包括精神上的，它最终的目的是影响习禅者的潜在意识。剑术家除了要不断练习刺击这种“能力”范畴的东西外，还要训练以达到“无我”的境界。他要站在水平放置的地板上，全神贯注地将身体的全部重量集中在几英寸的地板上，之后，支撑他的平面被不断抬高，等他能够像站在院子里一样，平稳地站在4英尺高的柱子上，就意味着他“了悟”了，眩晕和恐惧再也不会拉走他的注意力，分散他的思想。

这种立柱苦行存在于西方中世纪的圣西蒙派，为西方人所熟知，但是经过日本人的改造，它已经不是一种苦行，而是成为一种目的明确的训练方式。日本社会上的各种对身体的训练，从禅宗修行直到普通的农家练习，都被改造过。跳入冰水中，或者站在瀑布下，在世界上许多地方都属于普通的苦行，它们的目的在于磨炼肉体、希冀神的眷顾以及推动自己进入入定状态。黎明前站立或者坐在冰冷的瀑布下面或者在冬夜连续3次往自己身上泼冷水是日本人热衷的抗寒苦行，这是为了培养和锻炼清醒意识下的自我，直到消除不适的感觉。佛教徒进行这种训练的目的则与此不同，他们是为了避免自己的冥想被人打扰。达到“圆熟”境界的标志是，人们感觉不到冷水的刺激，身体在凄寒的凌晨也不再颤抖。事实上，除此之外，没有任何其他益处。

人们采取的精神训练都必须与自己的个性相适合。老师不能对求教的学生进行西方意义上的“教导”，因为这种身外之物对他来说毫无价值。禅师只能与弟子进行双向讨论，却无法用温和的方式引导弟子进入全新的智慧的境界。事实上，被认为最有帮助的，通常是那些要求严苛的师傅。毫无预兆地打翻弟子端来的茶杯、绊倒弟子，以及拿铜如意敲打弟子的关节，这些突然的行为带来的惊骇被认为是有益处的，因为它们可以消除弟子的自满心态，激发他们内心的悟性。这样的故事在记录僧侣言行的书籍中比比皆是。

禅师最常使用的推动弟子了悟的办法是“公案”，即“问题”。然而这样的问题多达1700个，禅僧故事中这样的记载屡见不鲜，经常有人花7年时间仅仅解决了某一个问题。并且这些公案的答案可能并非完全合情合理，类似“想象曲高和寡”“对没生育的母亲表示感恩”“承担肉体的人是谁”“向我走来的是谁”以及“万物归一，一归何处”等问题曾出现在十二三世纪的中国。这些公案在禅宗引入日本时被采用，却在中国这个发源地彻底消失了。禅宗语录十分强调公案，“人生困境藏身于公案之中”，因为这种训练在日本能够推动人们进入“圆熟”境界。禅宗认为正在思考公案的人是没有自制力的，他就像“进入死胡同的老鼠”、“喉咙里卡了高温铁球”的人或者“叮咬铁块的蚊子”，只能不断努力，直到心灵与公案之间的屏障“观我”消失，二者飞速融合，他就完成了“顿悟”。

让人遗憾的是，尽管他们的书中总是尽力描写这种精神上的高度努力状态，我们在书中却看不到他们历经千辛万苦获得的真知。有例为证，南岳用8年的时间解决了“向我走来的是谁”的问题，他给出的答案是“我们说这里有某个物体的同时，就忽略了其他全部的东西”。与之类似的启示有着几乎相同的模式，正如下面的对话中所体现的那样：

僧问：我怎样才能摆脱生死轮回的束缚？

师曰：束缚你的是谁？

他们认为自己所学习的东西，就相当于中国名言中的那句“骑着牛找牛”。他们的目的不是为了渔网，而是渔网所捕猎的鱼类。用西方人的话来说，就是他们所学的是二难推理，即两者都与主题无关。“现有方法在心灵之眼打开的情况是能立即完成目标的。一切皆有可能，他人的帮助并不重要，自己的能力才是值得依赖的”就是他们所要学习的。

公案这种神秘主义的问题存在于世界各地，事实上，它的意义不在于寻求真理的人所追求的真知，而在于日本人对寻求真理的方法的想象。

蒙昧天性周围的墙壁上有一扇门，公案就是这个“敲门砖”。人们总是本能地担忧现有手段并不足够，他们会想象自己处于众人的监视下，并接受他们的评点。日本人将这堵墙看作“羞耻”之墙，等到门被人用砖砸开，眼前的世界足够广阔，解决公案就变得不再必要。完成这些功课，日本人就彻底地挣脱了道德困境，他们挣扎于绝境，为实现目标不惜变成“叮咬铁球的蚊子”，最终却意识到“义务”与“情理”、“情理”与“感官快乐”以及“正义”与“义务”之间，绝境并不存在。他们发现了出路，得到了自由，对人生有了足够的体验，并且进入了无我之境，而他们的修养则完美地达到了“圆熟”境界。

禅宗大师铃木大拙是这样描述“无我”的，“不自觉的极乐之境”、“轻松自如”、不存在“观我”、人“忘记自身”等，这就是说人们不再旁观自身的行为，二者之间的矛盾无法调和，原因在于自我努力摆脱身为旁观者对自己的束缚。弟子在顿悟的时候，会意识到作为旁观者的自我并不存在，也没有“未知或者不可知的灵魂本体”，除了目标和为目标奋斗的行为，其他一切都是虚幻的。为了更加清楚明晰地表现日本文化独一无二的特征，研究人类行为的职业学者最好转变这种叙述方式。一个受到严格训练的人，他会观察自己的行为，并以人们的评价为标准作出合理的判断，这时他作为观察者的自我会像小孩子一样脆弱。只有清除掉这种脆弱的自我，他才能让自己的灵魂达到三昧境界，而忽略“别人的行为”。这种心性修养到达一定境界的感觉，跟学习剑术的人意识到自己站在4尺高的柱子上却丝毫不恐惧是一样的。

为了达到“无我”的境界，画家、诗人、演说家以及武士都接受了类似的训练。这种境界并不是所谓的“无限”，而是一种不会受到干扰的、对有限之美的感受，或者是调整方式和结果，用与之相适应的努力完美地实现目标。

“无我”的体验非常普遍，即便是从来没有接受过训练的人也能体会到。人们忘我地沉醉于音乐或者歌舞伎的剧情时，便失去了“作为旁观者的自我”。他的手掌不自觉地出汗，这汗便是“无我之汗”。在这类行为里，人们“意识不到自己的作为”，旁观的自我已经消失了。就像一个高射炮炮手聚精会神地工作而将周围的世界全部忘记，这个时候他也会产生“无我之汗”，旁观的自我销声匿迹。在日本人看来，人们的最高境界，就是达到这种状态。

日本人思想中自我警觉和自我监视带给他们的压力非常沉重，这在这类概念中明显地体现出来。他们认为自己会表现得自由而骄傲，要是这种压力不存在的话。与之对比，美国人则会将“旁观的自我”等同于内在的理性原则，并认为临危不乱值得骄傲。日本人摆脱困扰相对麻烦，他们先要将灵魂升至三昧境界，不自觉地丢掉自我警觉的压力，才能达到这一目标。在我们看来，他们的文化总是倾向于以细致入微的要求来规范灵魂，尽管他们总是抗议，宣称心理上负担的消除会推动人们的意识走向更高的层面。

在西方人眼中，高度赞赏“类似死人一样的人”是日本人表达这种信条最极端的方式。它的意思在西方语言中被解释成“活着的尸体”，而这句话表达出来一种十分恐怖的气氛，在任何西方语言中都是如此。我们认为这句话是说一个已经死去的人，身体还保留着，不再有一丁点生气，与之相反，日本人却用它形容一个人进入了“圆熟”之境，并经常以它来勉励他人。他们会用“将自己看作死人，以便你顺利通过”来勉励担心中学毕业考试的少年，也会用“就当自己已经死去”来鼓励正在操作重要交易的朋友，还会以“像死人一样活”来刺激自己摆脱精神危机，重新振作。基督教领袖贺川丰彦战败后成为贵族院的一个成员，他在自传中说“他每天都在房间里哭泣，哭泣声歇斯底里，接近崩溃，就像是被恶魔缠住了一样。这样的痛苦最终在一个半月之后被生命战胜，他选择了以死的勇气去生活，把自己当作活着的死人，勇敢地面对和解决矛盾……他下定决心皈依基督教”。日本士兵在战争期间常说的话是“我为回报皇恩，愿意像个活死人一样生活”，这包含了其他一些更具体的行为，类似出征前给自己举行葬礼，宣布要将自己的身体“化作硫磺岛上的烟尘”以及志在“与缅甸的樱花一起飘散在空中”。

这种“像死人一样活着”的态度根源于以无我为基础的哲学。

自我警觉、恐惧以及小心翼翼在这种状态下都不存在，人们表现得就像个死人，这样一来，考虑行为是否恰当已经没有必要，还逃脱了报恩的束缚而变得更加自由。这就是说，“我像死人一样活着”代表一切矛盾和冲突都得到了解脱，“我的精力和注意力超越了一切，毫无负担地直奔目标。我和目标之间的障碍，包括作为旁观者的自我及其他所有负担，都销声匿迹了。甚至曾经让我烦恼的紧张、压力以及抑郁都不存在了，现在的我充满了无限的可能”。

用西方语言解释就是，日本人在无我体验以及“像死人一样活着”的行为中都是没有意识的，他们说的“旁观的自我”和“有障碍的自我”能够对一个人的行为作出判断。在这里，可以明显地看出来东西方人心理上的显著差异。美国人干坏事却不觉得羞耻的时候，我们会说他没有良心，这个词用来说坏人的行为。然而同样的词语在日本指的却是人们不被紧张的情绪困扰和阻碍，形容的是好人、有修养的人，以及充分发挥个人能力的人，这些人尽力完成艰难的工作，并且大公无私。罪恶感是美国人用来约束善行的，那些冷漠无情的人最终因为罪恶感的丢失，而成为对社会不利的人。日本人在这个问题上的观点则截然不同，他们的哲学说人们的灵魂生来就是善的，他们的行动在内心冲动的作用下，推动自己去实践德行。这样一来，自我训练就显得十分必要，因为它可以清理掉自我审查和评价带来的羞耻感，促使人们进入“圆熟”的境界。第六感官就在那时突破了所有障碍，人们从自我意识和矛盾中得到彻底的解脱。

我们很难理解日本人这类自我修养的哲学，要是它脱离日本文化的个体人生体验而单独存在的话。就像我们已经知道的那样，他们“作为旁观者的自我”总是带来耻辱感，这种感觉一直压制着日本人。要了解他们以精神机制为基础的哲学的真正意义，我们必须首先分析日本人的育儿方式。除了语言之外，道德上的制约力量还通过长辈对子女的态度传递下去，这一点在许多文化中都表现出来了。外国人要理解一个国家人民生活中的重大问题，必须先对他们的育儿方式进行探讨。直到这里，我们对日本的种种想象全部都是以成人的视角来研究的，下面我们将重点探讨日本人的育儿方式，以获取更加清楚明白的认识。

第十二章 儿童学习

日本人的育儿方式超出了擅长思考的西方人的想象。与日本人的慎重和坚忍不同，美国父母培养孩子适应生活，倾向于一早就向孩子表明他们的愿望并不是至高无上的。我们会为孩子制订一个时间表，以按时哺乳和睡眠，只要时间没到，孩子的哭闹根本毫无作用，除了乖乖地等待，他没有别的选择。等他稍微长大一点，母亲会禁止他吸吮手指和触摸身体，一旦违反便会打他的手以示惩罚。母亲外出不在身边的时候，会将孩子留在家里。并且，母亲会在孩子还没有喜欢上其他食物的时候强行停止母乳喂养或者不再使用奶瓶，让他只吃有利于身体的食物，并对他不符合规定的行为进行惩罚。很自然地，美国人认为日本的婴幼儿会被更加严格地训练，以便长大后更好地克制自己的欲望和小心翼翼地遵守复杂的道德准则。

然而，日本人并没有这么做。事实上，他们的人生轨迹有着长长的U字形弧度，弯曲的地方与美国人正好相反。婴幼儿和老人总是能够得到最大程度的宽容，幼儿随着年龄的增长开始接受更多的制约，直到结婚，这个时候所受的限制最多最强烈，这样的状态统治着人们的整个青壮年时期，等到60岁，限制会逐渐放松，这时的人们脱离了羞耻感的制约，就像婴幼儿一样自由。美国则与此截然相反，我们总是严格教导婴幼儿，这种约束随着他年龄的增长逐步减少，等他成家立业，制约的力量随之消失。青壮年的美国人享有最多的自由和自主，等他上了年纪，体力不支、能力下降、需要别人帮助的时候，这种约束力将再次发挥作用。日本人那样不切实际地安排人生，完全超出了我们的想象。

日本人和美国人的人生曲线尽管存在差异，但是它们都是为了保证人们在青壮年时期努力参与生活。与美国人给予青壮年最大限度的自由不同，日本人倾向于用某些力量去进行制约，这样的结果就是，即使人们处于精力最为充沛、能力最为卓越的时候，也不能自己选择生活的方式。在他们看来，相对于自由，这种制约能够给予人们更多的训练和锻炼。要注意的一点是，日本人的这种约束并非贯穿整个人生，他们的童年和老年是非常自由的。

渴望拥有孩子的人往往都是那些会娇惯他们的人，这一点在日本人身上体现得最为明显。与美国父母因为爱孩子而快乐不同，日本人要孩子有许多复杂的原因，有些在美国人看来根本毫无价值。日本人生孩子除了感情上的慰藉，还在于延续血脉，在他们眼中，不能传宗接代是人生的一大失败。这就意味着，日本男人必须有自己的儿子，在自己死后拜祭祖宗、传续血脉，以及保卫家族的名声和产业。与父亲需要儿子一样，儿子在社会传统的作用下，也对父亲有着强烈的依赖，他将来接替父亲并非旨在取代父亲的地位，而是为了让父亲放心。父亲在儿子长大后，仍旧掌握着管理家庭的权力，直到经过一些年份才会将这权力交到儿子手中，这种交接是必须的，因为父亲的意义就在于传续这项权力。不同于西方成年儿子对依赖父亲感到羞耻，在日本儿子对父亲的依赖相对更加自然，并且时间持续得也更为长久，根源就在于他们父子之间那种根深蒂固的传递意识。

日本女人对孩子的需要，除了感情上的依赖，更重要的是母亲的身份能让她获得更多的关注和权利。没有生养孩子的妻子在家庭中的地位非常不稳固，通常被认为是个失败者，如果她幸运地仍被这个家庭接纳，那么她也根本没有成为婆婆的希望，更没有教导儿子和儿媳妇的机会，她的丈夫则会选择收养他人的儿子以传宗接代。鉴于此，日本妇女对生孩子非常热衷，日本的平均出生率在 20 世纪 30 年代前半期比东欧这样多子女的地区还高，达到了 31.7‰，而美国直到 1940 年，出生率还只有 17.6‰。此外，日本女人通常19岁就有了自己的孩子，这个年龄早于大多数其他地区。

分娩在日本就和性交一样被秘密地隐藏起来，女人生孩子时，不允许大声喊叫，以免被人听到。他们认为新生儿必须睡自己的床才吉利，母亲通常早早就备好小生命的床和被褥，贫苦家庭也会翻新婴儿的床被，相比于大人被褥的僵硬，这种小被褥轻薄舒适，利于婴儿入睡。分床睡觉的行为是“感应巫术”作用的结果，他们认为新人必须睡自己的床。新生的婴儿不允许与母亲同睡，即便母亲的床就在附近，事实上，直到1岁左右，他们认为这时婴儿会有与母亲同睡的要求，才会这样做，将婴儿放入母亲的怀抱。

日本人认为头三天的奶水是没有营养的，因此他们会一直等到婴儿出生3天后才给他喂奶，此后，婴儿不管是为了吃奶还是出于舒服的需要，都可以随意地吸吮乳房。不光婴儿会乐于享受，母亲也非常喜欢哺乳的过程，在日本人看来，哺乳是女人生理上最高程度的快乐，乳房除了供给营养，也会产生快乐和舒适。30天左右，等婴儿被带到当地神庙参拜之后，人们才认为他的生命力足够牢固，可以带出家门，之前这个没有满月的小婴儿要么就在小床上睡觉，要么就躺在母亲怀中。满月的婴儿被母亲用双肩带系住手臂和屁股绑在背上，天气寒冷的话，就再加一件外套。在日本，家里稍微大些的孩子都习惯于这样背婴儿，男孩女孩都这样做，即使是在玩垒球或者跳房子这些游戏时也不例外。孩子照顾孩子的做法，在日本的农村居民和穷人家庭最为常见，“婴儿被孩子背着参与游戏，会变得更加活泼和聪明，他们会从游戏中得到与哥哥姐姐同样的快乐”。与太平洋岛屿和其他地方常见的披肩背婴儿的方法类似，日本婴儿总是被四肢伸开绑在背上，这样的被动状态让婴儿随时随地都能入睡。然而，日本的捆绑方式并不是披肩和包袱带那样完全被动的形式，它让婴儿能够“趴在背上，就像一只小猫，背带能够保证婴儿的安全，他要做的只是尽力找到一个足够舒服的角度入睡，事实上，他并非仅仅是人们背上的包袱，并且总是能够很快学会那些技巧以更好地适应背部”。

婴儿在母亲工作时被放在床上，还被母亲背在背上出门。母亲会和婴儿说话，对他唱歌，给他讲一些有礼貌的行为，还在还礼时轻晃婴儿的头部，让婴儿行礼，他被教导表现得要像个大人。下午的时候，他会被母亲带着进行热水浴，并被放在母亲的膝上玩耍。

婴儿在不足三四个月的时候，都要用沉重的布垫系在裆部，当作尿布，这被日本人看作他们形成罗圈腿的根源。母亲在婴儿三四个月大的时候开始教他便溺，估算好时间，在他有需要的时候将他抱到门外，以低沉简单的口哨刺激婴儿便溺，使其养成习惯。这样早期的便溺训练不仅存在于中国，在日本也非常普遍。母亲会对尿床的婴儿进行惩罚，多数采取训斥的方法，有时也会拧他的屁股，并对他加强便溺的训练，经常将他抱至户外。此外，母亲还会给便秘的婴儿服下泻药或者帮他洗肠，以使他更加舒适。等到婴儿掌握了便溺的技巧，就不必再系尿布。这种尿布不仅沉重，在婴儿尿湿后还不会得到大人的及时更换，因此，它肯定会让婴儿觉得不舒服。但是婴儿因为年龄的关系，总是难以意识到掌握便溺与不系尿布的关系，他们只能服从于这种经常性的强制行为。并且，母亲教婴儿便溺时，会尽量让他远离身体。日本的孩子就在这种训练中，一步步为成年后必须接受的制约打下基础。

相比于走路，日本婴儿会更快地掌握说话的能力。在日本，人们坚持认为婴儿在周岁前没有走路的必要，常有母亲在发现婴儿有走路的冲动时进行压制，他们也不鼓励婴儿爬。这样的行为在近十几年来才有所改善，原因在于政府的支持，他们在价格低廉、广为人知的《母亲杂志》上宣传应该让婴儿学习走路的观点。婴儿学习走路时，通常被在手上套上绳圈，或者由母亲用手保护。但是这改变不了婴儿说话的欲望，人们也开始迅速调整与婴儿说话的方式与内容，他们乐于以词语、语法和敬语来教导婴儿，而尽量避免婴儿只从偶尔的模仿中进行练习，这样的活动为婴儿和大人所喜爱。

用手指捅破墙纸或者掉进地板中间的火盆里，这样的恶作剧在学会走路的孩子身上时常发生。日本人为了防止孩子淘气，经常夸张地形容他们行为的严重程度。他们制止孩子站在门槛上的行为，并警告他们这是十分危险的。这种警告是有原因的，因为日本的房子是用托梁架在地面建成的，要是孩子站在门槛上的话，人们能明显感觉到房子的受力变形。此外，还会受到家长批评的行为是待在两张榻榻米的连接处。日本的房间被称为“三席间”“十二席间”，每个床席的大小基本一样。孩子得到的教育是两席连接处非常危险，古代的武士就是这样杀死敌人的，他们在房子下面将刀刺入两席之间，只有又厚又软的床席才能保证安全。“危险”和“不能”这些带有强烈感情色彩的词语是日本母亲最常使用的词语，除此之外，她们劝诫孩子的词还有“脏”。我们都知道日本人对整洁干净的热爱，因此这一部分也是日本儿童教育的重要内容。

在日本，绝大部分情况是一个婴儿还没有断奶，另一个就接着出生了。中产阶级的母亲已经响应政府在《母亲杂志》上提出的建议，在 8 个月的时候给孩子断奶，但是这并未为多数日本人所接受。原因在于，日本的母亲们将哺乳看作一件非常享受的事情，她们不愿意断奶，“婴儿无法彻底断奶，是由母亲的不坚决造成的，因为她能从哺乳中获得快乐，而她不想要失去它”。但是有一些人已经慢慢地开始接受新习惯，她们认可“孩子在长期哺乳的情况下会身体虚弱”的观点，并认为提前断奶是母亲为孩子健康所做的牺牲，还对那些坚持不断奶的母亲进行批评，认为她们过于自我放纵。除此之外，日本人不会为刚断奶的婴儿准备特殊食物则是断奶被延后的现实原因。他们习惯于给刚断奶的孩子直接使用成人食物，只在很少的情况下，才会给孩子喂食稀粥作为过渡。牛奶在日本的食谱中并不常见，婴儿需要的特殊蔬菜也没有人会准备，这样的情况下，许多婴儿都得不到身体成长所需的营养，政府极力宣传的“孩子在长期哺乳的情况会身体虚弱”的观点不断遭到人们的质疑。

婴儿断奶的时间常常是在他听懂人们说话以后。就餐时，母亲会将婴儿放置在腿上，一点点地喂进食物。但是，伴随着断奶而来的是孩子食量的大增，总有婴儿因为下一个孩子的到来而迫不得已被断掉奶水。母亲为了断绝他恋奶的念头，一般会给他食用甜食，或者将胡椒粉抹在乳头上，还有一种更为普遍的方法是语言上的刺激，母亲会说一些话激励孩子放弃吃奶，例如，“你表弟跟你一样大，已经不吃奶了，人家是大人了”或者“你是个男孩子还要吃奶，旁边有人在嘲笑你呢”。有些孩子直到 4 岁还会要母亲的乳房，但是他们只要看见有稍微大点的孩子过来，就会立即若无其事地松开。

除了断奶，日本母亲还将这种讥讽的办法随时随地地用于孩子的成长过程，基本上从孩子能听懂别人说话的时候就开始了。母亲会用“不能像女孩一样”、“你不是小孩子了”或者“比你小的人都不会哭”这样的话语来刺激爱哭鼻子的男孩。她还会在客人带着孩子来访的时候，故意说“我最喜欢这样的孩子，又聪明又听话，表现得像个小大人”，并对客人的孩子爱抚有加。这样的行为能立即产生效果，一般情况下，她的孩子听见都会冲过来，一边用拳头捶打着，一边哭闹着表示以后会听母亲的话，不要用别的孩子来代替自己。对付闹腾的孩子，母亲们也有自己的办法，她们通常会假装央求客人将自家孩子带走，而客人们也会配合地表示正有此意，孩子自然不愿意，对母亲的狠心感到气愤。等到母亲觉得这样的刺激有了作用，便会上前将孩子带回来，要孩子承诺以后好好听话。在五六岁这样稍大的孩子面前，母亲偶尔也会上演这样的小戏剧。

还有一些其他的形式来逗弄孩子。比如，母亲会夸赞孩子的父亲，然后展示对他的爱意。这样的行为让孩子嫉妒，他迫不及待地要将父亲和母亲分开，母亲就会趁机提出条件“你爸爸既不会在房间里大声喊叫，也不会满屋子乱窜”。孩子为了和父亲争宠，就着急忙慌地表示自己也能做到，并急于获得母亲的首肯。得到孩子的保证，父母就会恰到好处地收场，这样的逗弄在儿女身上都存在。

日本人成年后对嘲笑和排斥的恐惧，在这种经验里能够找到源头。对于小孩子明白这是个玩笑所需要的时间，我们不好估计，但那是迟早的事。一旦他们明白过来，被人嘲笑就会像失去安全和亲密一样，让他们产生恐惧感。他们成年后对嘲笑的反感，多半也有童年阴影的作用。

家庭向来是安全和自由的地方，这就是 2–5 岁的孩子对此类行为感到恐惧的原因。家里的父母有各自的分工，像这样以竞争者的姿态出现在孩子面前的情况并不多见。家庭等级有着严格的权力分配，父亲在家里的地位无人能及，母亲和祖母通常负责管理家务和教导孩子。这样的状况，孩子很快就会意识到家里权力的顺序，他们知道长辈权力最大，男性权力大于女性，兄长的权力大于弟妹。然而这些关系对于幼年时期的他们并没有什么约束力，在男孩身上体现得最为清楚。不同于父亲不苟言笑的形象，母亲往往总能满足孩子们的各种需求，而3岁的男孩尽管可以对着母亲大肆吵闹，在父亲面前却完全没有这样的胆量。人们习惯于将孩子的桀骜不驯看作3–6岁男孩必经的阶段，在农村和上层社会中尤其如此。要是感到被父母捉弄或者即将“送给别人”，男孩会向母亲和祖母发火泄愤，甚至用拳头打母亲，使劲哭闹以及打散母亲的发型，他明白母亲女人的身份，而他自己哪怕仅有3岁，也有作为男人的地位，他能从暴力厮打中获得满足与快乐。

对父亲的尊敬是必须的，因为他是家庭中身份最高、权力最大的，日本人认为孩子对父亲的尊敬是出于修养的需要。在日本，对孩子进行教导是妇女的责任，父亲很少插手，他们对子女的教导少于任何一个西方国家。孩子对父亲的凝视或者训诫表现出快速地服从，这往往是因为父亲的教导并不多见，带来的强大震慑力让人甘于听从。父亲偶尔也会为孩子做一些小玩具，或者像母亲一样去抱孩子，但是那是孩子学会走路很久之后的事情了。就像美国一样，日本父亲并不负责育儿的义务，而将这些全部交给妻子打理。

虽然祖父母同样得到孩子们的无上尊敬，但是与他们相处，孩子们明显更加自由。通常情况下，祖父母不会主动承担教导孩子的义务，除非孩子的父母对他们疏于管教，要是祖父母看不过去决定承担起这个责任，一系列矛盾就随之而来了。最常见的，就是祖母和母亲对孩子的争夺。祖母不仅常常能弄到母亲没有的礼物，还有较多的闲暇时间，能够整天陪伴在孩子身边，这样的优势使她能够用孙子压制儿媳妇。而孩子的母亲则显得没那么有底气，她天生就要尊敬婆婆，对婆婆溺爱孩子的行为，根本无法提出反对意见。要是母亲责怪孩子吃糖过多的话，祖母就会立即拿糖给孩子吃，还拐弯抹角地表示："奶奶的糖果可没有毒。"

对于父母应该照顾弟妹的教导，稍大的孩子并不会反对，尽管他们内心对于新生儿的到来有着隐隐的不安，害怕自己的宠爱被人夺走。这些孩子能够意识到生活因为这个小婴儿的到来而发生的改变，例如必须接受断奶，不能再跟母亲睡在一起，而只能跟爸爸睡等。通常母亲会在很早之前，就告诉孩子，他会有一个活生生的娃娃弟妹，而并非那些假玩具。孩子们总是对这个小婴儿充满了好奇，他们也会为他作一些准备，并因此感到激动和兴奋，但是这样的感觉存在得并不长久，当这种感觉消失的时候，孩子们表现得相当镇静，毕竟新娃娃的到来是无法改变的，难受的感觉并不是特别明显。有的孩子会在婴儿出生后要求母亲将宝宝送人，这时母亲则会教导他要好好地对待弟妹，并负责照顾好他。母亲并不担心大点的孩子作出什么过分的行为，尽管这样的情景可能会反复出现。大家庭里面针对这种情况，有时会采取一定措施，将相邻的兄弟姐妹隔开，让老大照顾老三，而将老四交给老二。兄弟姐妹之间的这种照顾比较普遍，并且这种安排在七八岁之前基本不会受到孩子性别的影响。

玩具对日本孩子来说是必不可少的。孩子会从父母以及亲戚朋友那里得到布娃娃和饰品作为礼物，穷人家则会自己制作玩具给孩子，这些玩具在孩子们的玩耍中被用作过家家、举行婚礼以及过节日的用具。对于"真正"的大人该有的样子，孩子们也会进行一番争论，并在产生冲突的时候让母亲作决定。母亲通常以"大人有大量"来对大孩子进行劝阻，并劝他们"争取反败为胜"。

大点的孩子在母亲的教导中很快就意识到以退为进的作用，愿意将玩具暂时给弟妹，等他厌烦了将注意力转移到其他东西上，刚才放弃的东西就会物归原主。母亲也会建议大孩子在主仆游戏中当仆人，这样既不会损害自己的乐趣，也不会影响其他人。在日本人的生活中，“反败为胜”的观念总是被不断地强调，成年人也同样如此。

分散和转移孩子的注意力在儿童的养育过程中，有着和训诫与逗弄同样重要的作用。孩子接近学龄会格外地淘气，这时人们就会使用各式各样的办法对他进行约束，包括不停地给孩子吃糖以分散他的注意力等。为了对付小男孩的无理取闹和暴躁脾气，母亲会坚持“从神那里获得帮助”，将孩子带去神庙或者寺院，这样的行程通常收获颇丰。僧人会询问孩子的生辰，与他详细谈论一些问题，在祷告之后，将治疗的方法告诉孩子的母亲。这种方法为了清除孩子天性里的调皮捣蛋，往往采取驱虫的办法，在孩子回家之前对他进行驱虫治疗。然而，在日本人眼中，这种方法的作用并不长久。“药”指的是将艾粉装在圆锥容器中加热，之后敷在小孩的皮肤上，这是对孩子最严重的惩罚，留下的疤痕一辈子也不会消除。作为东方世界传统而普遍的治疗方法，艾灸在日本被用来治疗疼痛，此外，它的作用还包括消除暴躁的脾气和无谓的固执。母亲或者祖母可能就会采取这种办法来治疗六七岁的男孩，并有可能进行第二次治疗以彻底清除，但是连续 3 次的治疗却相当罕见。与我们说“如果你这样做，我就揍你”这种行为不同，艾灸并非惩罚，但是它的疼痛却远远地超过了挨揍，孩子会知道淘气可能带来的严重后果。

这些方法通常都是为了教训任性蛮横的孩子，除此之外，还有一些习惯能够加强孩子的身体机能。日本人非常重视老师对孩子手把手的教导，尽管孩子可能非常被动，也必须接受。他们还会对孩子的坐姿和睡姿进行训练。父亲对孩子坐姿的训练往往开始于他两岁之前，孩子在父亲的命令下要将腿盘起来端坐在地上，脚背朝向地板。事实上，这样的行为对孩子来说并不容易，他们总是不自觉地向后倒去。父亲会十分强调稳定的作用，严禁孩子们乱动和转换姿势，并教导他们保持放松，以一种消极状态来更好地进入状态，当然最重要的是，父亲要摆正孩子的腿。睡姿的学习也同样必不可少，但是相比于男孩，女孩们接受的训练更为严格。日本女人从小就被教导要保持睡姿的端庄，这在他们看来，是跟美国女人不可让人看到裸体一样严肃的事情。尽管日本在将裸体列为陋习以极力获取西方承认以前，并没有过多限制沐浴时公开裸体的行为，但是他们对女性睡姿的强调却由来已久。女孩在睡觉时，不能像男孩那样随心所欲，必须将双腿合拢，维持端庄的姿势入睡，这一点显示了早期男女训练中的巨大差异。并且，对于上层阶级，要求会更加严苛。杉本夫人生于一个武士家庭，她曾对自己小时候所受的教育进行了这样的描述："从我能够记事的时候开始，就被要求夜晚在木枕上安静地睡觉……作为武士的女儿，在任何场合都要保持对心灵和肉体的控制，即便睡觉也不能放松。不同于男孩随意地摆'大'字睡觉，我们女孩必须保持'自制精神'，小心翼翼地睡成'墨'字形。"我曾从很多日本妇女那里获得信息，知道她们的母亲或者保姆在睡觉时是怎样的规矩和端庄。

"为了让他自己体会"，教师们也采取这种手把手的方式教孩子们练习书法。它强调的是孩子们对灵活而有节奏的运笔方式的体验，即便是还不认字的孩子也要接受这种练习。尽管在近代大规模、有系统的教学过程中地位日益低微，手把手的教学方式仍然存在于鞠躬、用箸、射箭，以及模拟背婴儿而在背上绑枕头这些活动中，人们习惯于用直接的方式去纠正错误的姿势。

与上层阶级的孩子不同，普通家庭里的孩子习惯于跟邻近的孩子们结伴玩耍，这种关系建立的时间甚至早在他上学之前，甚至不满 3 岁的农村孩子基本都拥有自己的小团体。不同于成年人所受的束缚，孩子们享有最大程度的自由，他们穿行于乡镇和城市里的街头、汽车站，在商店里晃悠，听大人说话，玩跳房子和手球游戏，以及在村子的神庙里集会等。上学前后的两三年内，男孩女孩会各有自己的伙伴，同性别之间的友谊往往更加牢固，农村里小时候建立的小团体会一直维持到老。“性观念的淡薄使同龄人的聚会更让人激动”和“老婆都不如同龄人亲密”的观念在须惠村得到广泛认同。

没有入学的孩子们建立的儿童团体，内部是相当自由的，没有丝毫禁忌，他们的很多游戏在西方人眼中都是会让人感到羞耻和邪恶的。除了成年人随意的谈论和日本人居住面积狭小，母亲给男孩洗澡时逗弄他的生殖器，也是孩子们过早了解性知识的重要原因。并且，日本人并未将手淫看作不好的东西，他们对孩子们的性游戏不会多加制止，只提醒他要注意场合和对象。儿童之间会互相揭发丑事和各自吹嘘，尽管同样的行为在成年人之间会被当作侮辱并引起耻辱感。日本人习惯于宽容孩子的行为，认为“孩子们快乐的根源就在于不知道羞耻”，而对成年人“不知羞耻”的评价则意味着批评他不体面。

热衷于攀比家庭财富和吹嘘自己的父亲，是这个年龄段孩子的普遍特征。除了常说“你爸爸没我爸爸厉害”“你爸爸没我爸爸聪明”之类的话，他们甚至还因为在吹嘘父亲的事情上各不相让而吵闹不休。相比于美国人对此行为的毫无芥蒂，日本孩子所谈论的内容和他们听到的并不一致。成年人谦虚地将自己的房子叫作“敝宅”，将自己的家庭称为“寒舍”，而将别人的房子和家庭尊称为“贵府”和“府上”。日本人并不否认，个人主义在孩子的幼年时期占据的重要地位，这个时期大约从他们建立小团体到9岁上小学三年级。孩子们除了在游戏中，强调“我”对“家臣”和“主君”以及“仆人”身份的占有，还习惯于贬低他人、抬高自己。“孩子们会自主选择说话的内容，直至长到足够大，对话语是否能说有了自己的意识，他们就不再胡乱吹嘘，而只等别人的询问了。”

在超自然力上的看法和观点，孩子们往往并非通过僧侣，反而是在家里学习到的。这种直接的体验，常常来源于对民族节日或者祭日时那些宗教活动的参与，类似接受神官洒祓灾水等。除此之外，节日里的佛教法事和家庭祭祀也会给予孩子最直接的感受，而且后者由于在自家举行，并以法师和神龛为中心，它对孩子们来说不仅较为常见，往往也是让他们体会最多最深的一种活动。人们将鲜花、特种树枝和香火摆在祖先的神龛前来祭祀他们，还以食物来供奉他们，此外，家里的长辈要将家里的事情详细地向祖先报告。对神龛的行礼是每日必须的，而神龛前的小油灯往往在傍晚就被点上。主持家祭对每个家庭都是必不可少的，人们常常拒绝外宿以免耽误家祭，因为这在他们眼里会惹怒祖先。神龛是一个结构并不复杂的小架子，上面不仅供奉着从伊势神宫请来的神像，还摆着各类贡品。尽管会常常落满煤烟，人们仍然在厨房的神龛上供奉着灶神，还将神符贴在门上和墙上，以保佑家人平安。由于神庙里供奉着天神，所以人们认为神庙里很安全，农村的妇女总是会让孩子去那里玩耍。孩子们懵懵懂懂，并不畏惧天神，也不会像大人一样考虑天神的喜好。与权力主义者不同，众神享受了供奉，便会对人间赐福。

日本成年人谨慎小心的生活模式对男孩的影响往往开始于他入学之后的两三年，这时，他必须接受某些训练以与这一模式相适应。除了和蔼管束和嘲弄的压力，淘气的孩子还会得到特殊的“治疗”，以分散注意力，让他学会更好地控制自己的身体。然而，这时的孩子仍然可以按照自由意愿去行事，以帮助他的自我逐渐成长，尽管在这个过程中他可能会用粗暴的方式来处理与母亲的关系。最初3年男女同校的时候，孩子们不会有明显的变化，老师们也跟学生打成一片，但是，避免学生陷入“尴尬”处境的警告却得到家长和教师的一再强调。“羞耻”对孩子们来说还很陌生，但是避免陷入“尴尬”的学习却不可避免。成年人会教导自己的孩子，不要学习故事中的男孩，撒谎喊“狼来了”以欺骗别人，否则，就会失去人们的信任，“陷入‘尴尬’的境地”。在日本人犯错的时候对他们进行嘲笑的往往是同学，而不是老师或者父母，这些长辈急于使这些遭人嘲笑的事实符合“社会上的情理”，来对孩子们进行道德教育。像前文中儿童读物里义犬报恩这类忠义献身的故事，是对满6岁孩子最好的约束。人们会以这类故事来警告孩子们：“所有人都会嘲笑你这样的行为。”规范虽然随着时间和事件的发展有所不同，但往往与礼节联系在一起，它强调的是个人对国家、家庭，以及邻居的义务的服从。事实上，这类义务是无限增多的，孩子们学会自我控制，就能意识到自己的“债”，这种还不清的人情债迫使他学会小心谨慎地对待世事。

婴儿时期的嘲弄方式就在这种地位转换中，被全新的严肃而慎重的态度代替，逐渐长大的少年必须接受这种方式。八九岁的男孩要是被老师打报告说不听话或者没有礼貌，并拿到不及格的操行分数，家里人就会对他不理不睬来排斥他。要是他被商店老板指责偷窃，就会受到全家人的谴责，因为他的行为“损害了家庭名誉”。我的两个日本朋友曾在不满10岁的时候两次犯错，尽管老师已经惩罚过，父亲还是将他们逐出家门，他们认为找亲戚帮忙是羞耻的，便待在外面的窝棚里，直到母亲发现并将他们带回家。写日记是小学里高年级孩子悔过的方式，他们常被关在家里，一心一意地反思自己的行为。男孩被家人当作家庭的代表，他被指责，家人也不会支持他，要是他违反了“社会上的情理”，不仅家人会反对，甚至同龄人也不会站在他这一边，同学们会排斥他，直到他赔罪认错，并保证不再犯，才能被重新接纳。

“前述事情从社会学角度来看，已经非同一般了，这是需要人们重点关注的。通常来说，在那些大家族和小集团地位显要的社会中，如果集团成员遭到攻击，这个集团一定会对自己的团员百般袒护。并且，人们也倾向于在被他人攻击时，寻求自己所在集团的保护，以集团为后盾与对手对抗。但是，日本人的所作所为与此截然相反，他们必须竭力获取其他集团的支持，才能被自己所在的集团接受，要是有人对集团内部的人进行指责的话，这个集团就会排斥和惩罚此团员，直到指责他的那个集团主动放弃责难。这种制度的直接后果就是，在日本，人们将‘外部世界’的承认看得无比重要。”杰弗里·格雷尔说道。

教育在女孩和男孩身上的区别，在这个时候，除了细微的差别，还没有本质的不同。相对于哥哥弟弟，女孩不仅受到更多的制约，还承担了更多的责任，让男孩照看婴儿的事情虽然存在，但是非常少见。不同于男孩的急躁脾气，女孩总是表现得相对温婉，但是家人给予女孩的礼品却总是少于男孩，也不会过多地关心她。然而，即便如此，作为一个亚洲女孩，她仍然享有广泛的自由，可以穿颜色艳丽的衣服，和男孩在街上打闹，并在跟男孩的争论中经常占据上风。女孩小时候也“不知羞耻”，但是跟男孩一样，等到八九岁，她就会意识到自己对社会的责任。男孩子们在 9 岁男女分班后，就会明显地表现出对女孩的孤立，要是被人看到自己跟女孩说话，就会觉得羞耻，事实上他们倾向于建立同性之间牢固的友谊。母亲也会告诫女孩减少与男孩的来往，这些制约使女孩变得孤僻，对她们来说，“儿童的快乐”到此结束了。男孩们的排斥终结了女孩的幼年，她们必须在此后的多年里“加倍自重”，这样的教育一直持续，在她们订婚和结婚后也不会停止。

“自重”和“社会上的情理”不是男子义务的全部内容，日本男孩只懂得前者是远远不够的。日本人认为男孩 10 岁就要学习“名分上的情理”，这就是说他应该明白受辱是羞耻的，此外，男孩还要知道与敌人和解和采取办法重获清誉的最佳时机。男孩们小时候就习惯粗暴地对待母亲，并总是与伙伴们争吵辩论，因此，在我看来，孩子们在 10 岁就练习攻击对手是完全没有必要的，他们的家长也没有要他们以此反击侮辱。然而，即便是十几岁的少年，也要服从“名分上的情理”，采取大家承认的方式还击，用特定的方法来解决问题。相对于别人，日本人总是将这种攻击对准自己，学生也是这样，这一点是早已得到验证的。

日本小学采取的是 6 年制，孩子们毕业后大概有 15% 的人会继续自己的学业，男孩的比重相对较大，摆在这些孩子们面前的是竞争激烈的中学入学考试，考试会严格按照成绩排序，“名分上的情理”在这时对少年们来说是无可避免的。事实上，由于几乎整个幼年时期都没有竞争的压力，他们对竞争没有丝毫的经验，这就使一切更加残酷。日本人总是认为有人会徇私情以扰乱排名顺序，然而，除了这种激烈的竞争，多年后他们更加耿耿于怀的是中学里学长对学弟的欺凌。学长们总是想尽办法让学弟出丑，让他们表演一些愚蠢和幼稚的节目，以便嘲笑。日本男孩对待此类事情总是严肃而认真，因此，这样的行为常常遭到学弟的记恨。那些被迫在学长面前阿谀谄媚、做尽丑行的小学弟，当时不会说什么，却会将这种耻辱铭记在心，伺机报复。对“名分上的情理”的报复，在他看来，是一种至高无上的美德。要么，他就会在多年后利用家族势力撤销对方的职务，要么，他就会尽力学习剑术或者柔道，等毕业后当众打败他以成全自己的情理。总之，受辱的一方总是会想尽办法复仇，直到双方扯平，才算心事已经了结。日本人热衷于复仇，原因就在于此。

同样的体验也出现在那些没有升入中学而参加军事训练的少年中。即使在和平时期，日本的每 4 个青年中就有一个必须加入军队，而老兵对新兵的侮辱和欺凌程度是远远超过中学里学长对学弟的打骂的。军官是不会管这些事的，士官的干预也非常少见，这是因为日本军规认为士兵向军官寻求帮助的行为非常丢人，并倾向于让士兵自己解决矛盾和问题，在他们看来，这样的方式可以加强军队的内部建设。老兵们得意于所受的训练，常常把自己曾经受过的侮辱全数发泄到新兵身上。长期实行下来，当兵的人会变得大不相同，他们逐渐成为“完全黩武的国家主义者”。造成这种结果的原因既不是极权主义国家理论教育，也不是忠于天皇的思想，而是新兵时期任人摆布的屈辱。在日本，青年人普遍都接受过一定的教育，这些有着高度自尊的年轻人遭受侮辱而无力反抗，就会变成更加残酷的人。他们将老兵的折磨理解为排斥，这种羞耻一点点地逼迫他们自己更加残忍地对待别人。日本传统的嘲笑和侮辱的习俗是这类事件的主要原因，中学和军队里的欺凌事件都根源于此。而日本人对此作出的反应也并非学校和军队独创，相比于美国人，服从于“名分上的情理”的日本人显然更加难以忍受嘲笑和屈辱。事情总是依次进行，被捉弄的人会将怒气施加到下一批新来的人身上，然而这并不妨碍受辱的人伺机寻仇，这两条线就这样周而复始。西方国家的人习惯于找替罪羊以泄愤，正如波兰的新学徒或者收割工人会将怒气倾泻到下一批学徒和工人身上一样，他们倾向于将怒气转移到无辜的人，而不是施虐者身上。日本人却正好相反，直接寻仇的行为得到更多人的拥簇，只有与施虐者正面交锋过后，他们所受的屈辱才算得到了洗刷。

学校和军队里上级欺负下级的行为，在战后重建中终于得到了某些关心日本前途的统治者的注意。为了缓解高低年级的紧张关系，他们反复宣传“爱校精神”和“校友关系”。而在军队中，他们严格查禁捉弄新兵的行为，并明确规定了老兵教育新兵的限度，不准他们嘲弄、虐待和侮辱新兵。他们还制订了计划对年纪较长的人进行惩罚，要是他们强迫小辈摇尾巴、学蝉叫或者让人边吃饭边倒立的话。相比于否定天皇的神格和删去教科书中的国家主义部分内容，这种方式显然更有利于日本的再教育。

女孩由于没有男孩在中学和军队里那样不堪的体验，并且生活较为平稳，因此，对她们来说，学习“名分上的情理”并无太大必要。从幼儿时期结束起，尽管她们得到的礼物和关怀已经远远少于男孩，所接受的教育仍然要求她们以男孩的事情为重，并尽量避免表明自己的主张。女孩们只有在婴幼儿时期才能享有跟男孩同样程度的自由和特权，这些在幼儿期结束就消失了，直到她老年的时候才能拥有同样的权利。例如，小时候，女孩们总是被打扮得鲜艳夺目，成年后她们自己却不再这样穿着，直到60岁才重新穿起鲜红的衣服。她们在家里唯一跟哥哥弟弟一样的，就是在母亲和祖母的斗争中会得到同样程度的示好。日本人不喜欢单独睡觉，他们总是用同床睡来表示最亲密的关系，弟弟妹妹为了显示与姐姐的感情深，总是要求与姐姐同睡，或者让自己的床紧挨着姐姐的床，而姐姐也非常情愿，并将祖母的恩惠分与弟弟妹妹同享。当女孩满了 9 岁，男孩们不再接纳她们的时候，女孩们会有别的自我满足的方式，包括让人梳新式发型和以丝织衣服代替棉织衣服等。事实上，在日本，14 岁至 18 岁的姑娘十分看重自己的发型，也强调对衣服的选择，她们的乐趣就在于通过各种努力，让自己看上去足够美丽动人。

实际上，根本不需要独断的父母勉强，女孩们已经习惯了各项约束，并勇于承担自己的责任。她们对义务的严格遵守和履行，不是对父母体罚的屈服，而来自于父母坚定而执着的期待。有一个事例很好地体现了女孩所受到的非极权主义的压力，这种压力表现得相对宽容，有着特权教育的特点，下面我们就引用一下这个极端的有关教养的例子。稻垣钺子正由一位博学多闻的儒学家教习汉文，这件事情从她 6 岁起一直持续到现在。

授课时间长达 2 个小时，可是先生一直保持讲课的姿势端坐在那里，动也不动，我坐在老师面前的草席上，维持着同样端正的姿势。有一次上课时，我不小心稍微晃动了一下身体，弯曲的双膝向旁边倾斜了一点，老师立即表现出不满，他惊讶地收拾好书本，坚定而温暾地对我说："今天你根本没有心思学习，小姐，请回房休息。"我惭愧极了，对着孔子像行完礼，又对着老师鞠躬，之后才蹑手蹑脚地回了房间。我像往常一样向父亲报告当天的学习内容，心里十分忐忑。父亲对我今天过早结束课程表示了惊讶，他随口说："你今天学得很快嘛！"我听到这句话简直无地自容，那种痛苦多年以后想起来仍然让人羞愧。

杉本夫人对她祖母的描述则将日本父母的典型特征展现得淋漓尽致：

祖母希望家里的人都按照她的想法做事，但是她采取的方式是如此柔和，却又坚韧无比，没有任何斥责和争吵，家庭却真的朝她期待的方向发展过去。

各类技术和能力的训练足够细致周到，是这种“柔和而坚韧”的“期待”奏效的主要原因。约束女孩的不是规则，而是习惯，长辈们手把手的教导教给她们的是一种多次重复的惯性，幼儿时期被教导正确拿筷子、以恰当的姿势进入房间，以及长大后对茶道和按摩的学习等，都是如此。日本人并不认为孩子们到了一定的时候，就会自然地形成某些良好习惯。杉本夫人曾撰文讲述她在 14 岁订婚后，是如何反复练习以更好地服务未来丈夫用餐。那时她跟丈夫分隔两地，从来没有见过面，但是来自母亲和祖母的压力，让“我根据哥哥所说的未来丈夫松雄的喜好，反复练习几样菜式，并假装他就在身边一样，每次都先给他加饭添菜。我努力学习，以便将来能让丈夫感到快乐舒适。此外，母亲和祖母常常当作松雄就在眼前一样地说话，我自己则更加努力适应，即便在房中也非常注意自己的言行衣着。这样的训练不仅让我更加尊重丈夫，也使我更加尊重自己作为妻子的身份”。

相对于女孩的训练，男孩所受的关于实例和模仿的训练显然更加宽松。人们不会违反自己已经“学会”的习惯，并且，青年以后的日本人做事更加倾向于依靠自己的主动性，家里是严禁出现示爱行为的，他从长辈那里得不到任何有助于求爱的东西。9岁以后的男女隔离措施，彻底地断开了异性之间的交往，这在日本人看来是最好不过的，因为他们总是习惯于早早地为男孩安排好婚姻大事，甚至远在他意识到性的乐趣之前，因此，人们乐于看见男孩羞于与女孩来往。农村里，男孩们常因对这一话题感到害羞而被人调笑，但是这并不会阻止男孩们求爱的心。在日本相对偏僻的村子里，女孩未婚先孕的情况从古至今都很普遍，他们的父母对此不以为意，认为这是婚前的自由，对人生大事没有妨碍。

但是如今的状况有所不同，“就连保姆都被教导要维护自己的贞操”，这是恩布里博士从须惠村的一个村民那里听来的。人们禁止中学男女学生之间的相互来往，异性之间的婚前亲密行为受到日本教育和舆论的一致反对。在异性面前行为轻佻的年轻人在日本电影中被形容为“坏”青年，那些美国人眼中对女孩表现冷漠而野蛮的人则被认为是“好”青年。人们常将与女人过从甚密的青年与“放荡”和追求艺妓、妓女、咖啡女郎联系在一起。艺妓馆是练习求爱最好的地方，在那里，“男人只需静静观看，艺妓会告诉你怎么做”。人们不会怀疑青年与艺妓有更进一步的关系，他自己也不必担心表现得不够灵活聪明，然而，去艺妓馆所需要的大量钱财对青年们来说往往是最大的难题。于是，年轻人只好去咖啡馆观察那些恋爱中男女的亲密行为。然而，这种观察不同于任何一种他们曾学习过或者了解过的其他训练，这一点经常会让男孩觉得受挫，担心自己表现得不够好。年轻夫妇结婚的时候，有势力的家庭往往会给他们提供《枕草子》和内容特殊的画卷，就像一个日本人所说的那样，“这件事就像学习园艺或者其他技能一样，能够通过看书学会。我们到了一定年龄就会很好地把握这种喜好，就像父亲并没有教导我们布置庭院，我们自己却学会了一样”。这一点非常有趣，尽管多数青年是通过其他方式了解性行为，但是日本人仍普遍将性行为当作园艺一样的技能，认为它们都是可以通过书本来学习的。成年人在这方面并不对年轻人加以教导，这明显不同于年轻人以前所受的训练，但是这种差别正好告诉年轻人，长辈不亲自施以严格的教导，是因为性不涉及人生大事。

虽然年轻人常有陷入窘迫的担忧，但是这其实是一个相对自由的领域，他可以从这里获得满足。妻子和情人的领域完全不同，男子在结婚后仍有权利去外面花天酒地，妻子并不会认为这侵犯了她的权利，更不会以离婚相要挟。然而妻子却没有资格这样做，她必须对丈夫忠贞不贰，即便是有私情，也只能暗地里进行。事实上，在掩盖自己的私情上，日本少女总是做得不够全面。那些常常激动和焦躁不安的妇女，人们倾向于认为她们患了癔症。“对妇女来说，最大最频繁的困难不是来自于社会生活，而是源于性生活。多数妇女精神不正常和患上癔症都是性生活不协调导致的，因为她们的性欲常常得不到满足，丈夫的给予带有非常大的随意性”。须惠村的村民认为妇女的疾病都是从子宫发展到头部的。妻子对沉迷于其他女人的丈夫无可奈何，只好手淫，这在日本人看来是很正常的，在日本，妇女们基本都有器具以供手淫，不管是乡村，还是门第显赫的家庭。农村里，女人做母亲之前从来不会拿性开玩笑，一旦生过孩子，她不仅会做一些不雅的动作，甚至还会在男男女女的宴席上大肆谈论这个话题。此外，随着不雅歌曲扭动臀部和跳色情舞蹈也会在宴会上出现，“这种表演最能逗笑宴会上的人”。须惠村的士兵服役期满时，人们会到村口迎接，那些穿着男装的女人就会放肆地开着玩笑，并装样子要强奸年轻女孩。

日本女人在性上的自由随着出身的下降而愈加广泛。她们对男女之间的事情毫不避讳，尽管人生中的多数时间都要服从于各类禁忌。为了取悦男性，她们可以表现得克制，也可以表现得淫荡。女人成熟后对性事更是肆无忌惮，要是她还出身低贱的话，就会跟男人表现出同等程度的下流。与西方社会“贞女”和“淫妇”的前后一致不同，日本社会对妇女的行为往往随着年龄和情景的不同而存在差异。

有时放纵，有时节制，这对于男人来说也是一样的。日本男人最喜欢在艺妓的陪伴下和同性朋友喝酒，他们并不限制个人的饮酒量，也不排斥醉酒的人。往往是在喝了几口酒后，人们就不再正襟危坐，而是亲昵地靠在一起。醉酒的人也很少表现粗暴或者寻衅滋事，只有为数极少的“难以相处的人”才会与人吵闹。对男人来说，在其他领域享受不到喝酒领域的这种自由，他们在别处不能做得太过分。要是一个人在生活的其他方面表现差劲的话，日本人对他的评价会只次于“混蛋”的辱骂。

日本人教育孩子的方式是西方人眼里日本人复杂性格的根源。这种教育方式深刻地影响了他们的人生观，使他们的人生观有着完全不同的两个方面，对于二者我们必须都给予重视。日本人在幼儿时期“不知羞耻”，享受着无上的特权和自由，那对他们来说就相当于天堂，因此他们长大后不会再对天堂存有幻想。这种童年的经历和感受被他们稍作修改，成为人性本善、神灵慈悲以及做日本人无比光荣这些理论的一部分。得益于这种幼时的生活，他们将人人都有佛性、死后都会成佛这种非常极端的解释作为自己民族伦理的基础，这就是他们的固执和自信的来源。这种思想基础让他们忽略自己的能力而承担起一切工作，让他们坚持自己的看法，甚至死谏政府，让他们体现出一种集体性的狂妄自大。

“小心翼翼地行事”和“要知道羞耻”这样的责任在六七岁以后就需要他们去承担。此外，他们还要接受这样的事实，即家庭会在他犯错的时候排斥他，这件事情带来的压力无法避免，尽管它并非普鲁士式的钢铁纪律。婴幼儿时期，父母坚定地培养他们良好的便溺习惯，尽力纠正他们的各种姿势，并对他们进行嘲弄，还假装以遗弃相要挟，这些都为日本孩子日后的发展打下了坚实的基础。孩子们在这些训练中作好了接受约束和制约的准备，婴幼儿时期那种随心所欲的冲动和激情被他们很好地抑制，以避免遭人嘲笑和抛弃。虽然这些冲动和激情并非罪恶，但是严肃的生活不允许慢慢长大的少年再这样做。男孩拥有越来越多成年人的享乐，童年的特权被一再压缩，但是这种幼时的快乐体验依然为他日后的生活提供着丰富的养分，并在他整个成年时期的“自由领域”里发挥作用，不仅让他懂得人生哲学，还让他学会容忍“感官上的快乐”。

努力获得伙伴或者周围人的认可是日本人由幼儿期步入严肃生活的关键，他们不断地被家人这样教导，尽管它并不属于德的绝对性标准。母亲会立即让他睡自己的床，在他刚能够提出自己睡的要求时，小孩子总是能够敏锐地嗅到冷淡的气味，他不仅会以得到点心的多少来考察自己在母亲心中的重要程度，还会询问姐姐自己是否是她最疼爱的人。他在童年时期即将结束的时候，被要求放弃各种自我满足来获得人们的承认和接受，要是不这样做，就会遭到世人的嘲笑。世人嘲笑的压力对日本孩子来说尤为严重，在他们眼里，这种压力就相当于小时候被母亲要将他抛弃的威胁，被伙伴遗弃的危险甚至大于对暴力的恐惧。日本人一生都对嘲笑极为敏感，想象中的也不例外。他们的私生活是没有秘密的，因为世人会知道他们的一切作为，并在他们行为不得体的时候抛弃他，这样的情况是真实存在的。此外，日本人的房屋结构也是一个重要因素，他们的屋子并不隔音，还总是敞开着，对于那些无力修建围墙和庭院的家庭来说，根本就没有隐私可言。

日本人性格中存在着两个侧面，它们是断续的，并以儿童时期所受的教育为基础，为了辨别它们，日本人使用了一些象征。“不知耻的自我”是其中一个侧面，它形成的时间较早。在日本人眼中，镜子并非虚荣心的源头，而会消泯“妨碍的自我”“照映出永久的纯洁”，并让人们通过灵魂深处看到“不知耻的自我”。眼睛是心灵之门，透过镜子看到它，能够让人们以“不知耻的自我”的身份更好地生活。想象中最完美的形象就这样自然地显示在人们面前。镜子的这一作用对日本人来说非同寻常，他们中有人会因此常年随身携带镜子，也有人将镜子放在家里的神龛里“自己祭拜”，以更好地反思。后者的做法虽不多见，也并不特殊，因为日本家庭都会在神龛里放镜子以为神器，这种做法只不过是在此基础上有所深化。日本的广播电台曾在战争期间特别播放一首歌曲，来褒扬某个班级的女生凑钱买镜子挂在教室里。镜子在这里没有丝毫虚荣的意味，它是女孩们内心执着于目标并勇于献身的精神的象征。对着镜子，能够测试出一个人的精神是否高尚。

在孩子们认识到“旁观的自我”之前，对镜子的这种感情就已经深埋于他们的心中。他们在镜子中还看不到“旁观的自我”，但是镜子中反映出来的是与他们的童年一样善良无害的“我”，这是不需要“耻”的干预的。赋予镜子的独特象征意义，使人们相信不断加强自我修养可以达到“圆熟”境界。因此，人们为了使行动符合自己的思想，努力修炼，并尽力消泯“旁观的自我”。

日本人在幼儿时期享有广泛的自由和特权，这对他们以后的生活有着深远的影响，即便幼儿时期即将结束时，这些特权就会被以耻感为基础的各种约束力制约，然而日本人并不认为这是对特权的剥夺。前文已经谈过，日本人并不认可自我牺牲的观念，并经常对基督教中的这一观念进行攻击，即使是在较为极端的情况下，他们也把死亡当作是“自愿”的，认为这是“尽忠”“尽孝”和“出于情理”的必要。在他们眼中，人们可以通过这种自愿的死亡来实现自己的目的，这种情况下，如果苟且偷生，最终就会“死得像狗一样”，这句话的意思在英语中被人理解为死得悲惨，而日本人则解释成死得没有价值。不同于英语中将其称为自我牺牲，日本人将那些不够极端的行为归入自尊的范围。自尊和自制在一定意义上有着同样的内涵，他们认为只有那些善于自制的人才能拥有大事业。自由在美国人看来是成功所必需的，而对于那些有着独特体验的日本人来说显然不够。自制在日本得到广泛的接受，并被当作道德律的其中一条。这在日本人的行为中得到了验证，他们能够抑制住内心那冲动而富有激情的自我，这些甚至有可能打乱正常的生活秩序。一个日本人曾经说过：

漆坯上的漆随着经年的辛勤劳作而逐渐增厚，这样制出的漆器才有价值。这一点对于民族来说也是如此。正如有人说“俄国人的本质是鞑靼人”，形容日本则是“日本人的内在是海盗”。值得注意的是，漆在日本是相当珍贵的东西，它是制作工艺品的重要材料，即便不能掩盖瑕疵，它不含杂质的特质也值得与坯底同等看待。

西方人认为儿童教育的非连续性是日本男子行为相互冲突的主要根源，在经过“涂漆”的程序后，儿时的生活仍旧被保留在日本人的思维里，那时他们有着最大程度的自由，欲望总是会被满足，活得随心所欲，还可以自在地发泄出自己的不满。这种牢固的双重性造成了复杂的后果：他们可以突然结束成年初期的浪漫情怀，完全服从于家庭的意见；他们可以行走在极力完成自己责任的道路上，又迷恋于享受和平静；他们被谨言慎行的教育引导得懦弱无比，却又有着近乎粗鲁的勇敢；他们服从于等级制，却不会对上级言听计从；他们有时非常有礼貌，有时又桀骜难驯；他们在军队里能够接受所有的残酷训练，却又表现得难以管理；他们非常保守，又受不了新方式的诱惑；他们既学习中国的风俗习惯，又从西方理论中汲取营养。这些都是他们行为矛盾的表现。

紧张是这种双重性格的直接结果。日本人应付这种紧张的方法各不相同，尽管他们每个人都要面对这个问题，即怎样将幼儿时期的生活及其无忧无虑的自发性联系到以后的生活中，以调和成年后人们受到的各类关系重大的约束。这个问题困扰着很多人。有些人因为害怕面对现实与理想的差异，就按照道学家的模式来安排生活，他们以一种超然存在的态度来生活，坚定地服从自己制定的规则，假想自己就是那个掌握生杀大权的人。事实上，这种他们亲身体验过的自发性，因为是真实存在的，反而加重了恐惧的力度。另外一些人则出现了精神分裂的症状，他们以表面的服从来掩盖内心的抗议，并用一些鸡毛蒜皮的事情来填满自己的生活，从而逃避真情实感。对于他们来说，生活就是机械无意义的重复。还有一些人总是停留在对儿时生活的回忆中难以自拔，成年后的他们无法应对社会提出的新的要求，感到困惑和焦虑，并对他人产生了严重的依赖感，尽管他们早已过了依赖别人的年纪。在他们看来，失败会干涉权威，而且他们还会对斗争表现出很大程度的忧虑，并害怕遇见没有成例的和出乎意料的情况。

日本人总是很忧愁会遭到排斥和非难，他们在处理这些事情时存在的危险正如上文所述。非常难得的是，他们不仅能够很好地享受生活，还会展现出早期教育中所要求的谨言慎行，尽管这些都是在他们不受压力约束的情况下。他们幼儿时期受到的教育要求他们坚持自己的看法，这并没有给以后的生活造成负担，在他们看来，成年后自己所承受的制约是为了与别人保持一致，义务也是互相的。个人愿望在特定事情上会受到他人的干预，但是这并不影响人们在那些“自由领域”中自由自在地生活。擅长从大自然中获得乐趣是这个民族的显著特征，他们不仅喜欢观看樱花、菊花，欣赏月亮、雪景，还会将昆虫关在笼子里“唱歌”，吟唱和歌、俳句，更是对修整庭院、插花品茶表现出很大的兴趣。一个总被困扰并有侵略之心的民族是不会将时间花在这些活动上的。事实上，日本人即使是沉迷享受的时候，也不会表现得萎靡不振。在日本决定发动战争之前，日本农民不仅像这世界上任何一个和平民族那样愉快地打发时间，还在工作时表现出同样程度的勤劳、努力。

然而，日本人对自己的要求十分严格。他们可以放弃个人享乐，以破除遭到世人非议和排斥的威胁。他们习惯于克制自己的冲动来为人生大事服务，那些为数不多的不按此规则行事的人，很容易失去自尊。相对于辨别“善”“恶”，努力达到世人“期望”、不让他们“失望”才是自尊之人的生活准则。只有这样的人才能“知耻”，并在日后有着杰出表现，他们能够为国家和家庭增添光彩。但是，这种旨在使日本成为东方世界领导者和世界强国的目标却产生了很大的紧张感，这压力让个人无法承受。人们表现得小心翼翼，害怕有人轻视他们这种以自制为代价的行动，偶尔甚至会对这些人发动暴力性的攻击。不同于美国人在别人挑战自己的原则和底线时发动攻击，受到非议或者感觉到被侮辱最能激发日本人的攻击性。并且，他们会用这种被激发出来的可怕的自我来对付诽谤者，要是不能这样做，他们就将矛头对准自己。

这种生活方式让日本人失去了很多，包括那种单纯简单的自由，尽管它对于美国人来说就像是空气一样的生存必需品。值得我们注意的是，对民主的追求正成为日本战败后的主要目标。他们会表现出极度的喜悦，要是他们能够坦率而毫无顾虑地行动的话。杉本夫人曾描写了她自己的经历，表达她在得到东京教会学校提供的一块小花园时的惊喜，老师给了每个学生种子，让他们在花园上种植任意植物。

这块可以自由支配的土地，让我有一种从没有过的感觉，个人权利似乎得到了扩展……我惊奇于这种感觉的存在……能够在不破坏传统，不影响家庭声誉，不抹黑父母、老师和乡亲，也不伤害任何人任何事的情况下随意行动，是多么美妙的事情。

杉本夫人没有像其他同学一样种花，却选择了种植马铃薯。

这种冲动的行为给了我随心所欲的自由，那是任何人也想象不到的……我被自由叫醒了。

这是一个我从未接触过的世界。

我家里的庭院里有一处地方，很像野外……但是那里的松枝常被人修剪，篱笆也总有人整理，家里的仆人每天早晨都会打扫踏脚石和松树下面的地方，还从树林中采来又嫩又绿的松针洒在松树下。

在她眼里，这人造的野外景象就象征着她的自由，是富有教养的假象。然而，这种假象遍布日本，所有的石头都是在精挑细选之后才选好位置埋入庭院的，大石头、泉水、房屋、树木都是在严格的计算后安排下来的。菊花盆栽也是如此，那些要参加菊展的花儿，不仅是栽培者精心修饰的结果，甚至那花朵的姿态也是依靠看不见的金属丝来维持的。

杉本夫人是发自内心地快乐和激动，因为现在她终于有机会去卸除那些金属丝。那些精心设计的细到逐个花瓣的菊花，在最原始的状态下反而能收获最多的乐趣。然而，生活中现存的平衡很可能会被打破，要是今天的日本人忽略他人期望，并质疑“耻”的制约的话。他们不得不选择新的手段以应付新的局面，但是这样的变化会让他们付出重大的代价，毕竟树立新观念和新道德非常困难。西方人并不期盼日本人立即将新道德吸收转化并加以采用，也无法想象日本人拒绝建立新的伦理，更加宽容地对待事物。事实是，日本原有的道德规范和训练在第二代日本侨民中已经销声匿迹，他们国家和人民固有的习惯在他们心目中也早已消失。这就是说，建立一种完全不同于从前传统的生活方式，对于那些依旧生存于日本国土的当地人来说是完全可能的。挣脱金属丝束缚的菊花可以展现出同样的美丽，尽管不再接受人工的修理。

有几种传统能够给予日本人帮助，以保持精神大动荡和大发展时期的社会平稳。第一个就是他们理解的清除“自己身上的锈迹”，亦即“自我负责”的精神。日本人以刀来比喻人的身体，认为人们有义务去承担自己行动的结果，面对自己的缺点，接受不坚定和无能带来的一切影响，就像佩刀者应该保证刀的光洁如新一样。相对于美国的自由，日本对自我负责的理解显然更加深刻和严格。这就是说，刀象征的是理想和承担，而不是攻击和暴力。在那些提倡自由的制度中，这种道德最能使各项事物得到平衡。自我负责的德行通过儿童教育和行为哲学在日本被广泛接受，并最终成为日本精神的内容。我们认为，对现在的日本人来说，“放下屠刀”是最迫切的任务，而他们关心的恐怕是尽力去维持刀面的光洁，避免生锈。用他们的话来说，这把刀的象征意义，并不为这个自由和平的世界所排斥。

第十三章 投降以来的日本人

美国在战胜后对日本进行了一系列管理，这些是值得我们骄傲的。8 月 29 日，美国通过电台公布了国务院、陆军部和海军部的联合指令，这种政策最终由麦克阿瑟将军完美地结合到实践中。但是美国那些带有党派偏见的报刊和电台总是对此褒贬不一，这弱化了我们骄傲的理由，事实上，对于所实行的政策是否恰当，只有那些真正了解日本文化的人才能明白。

在意大利和德国，盟军设立盟国军政府来管理军队，并让盟军的官员来管理行政。太平洋地区的盟国军政府在日本投降的时候认为，我们也将在日本建立同样的制度来完成统治，而日本人对于他们是否能留存行政权力更是一无所知。《波茨坦公告》中对此并无明确条文，只是规定“占领盟国规定的日本领土，以实现军事行动的目的”，消灭那些“引导和煽动日本人以领导世界为目的的势力集团和个人”。因此对日本实行什么方式的占领，是日本投降后盟军面临的首要问题。是否可以利用现有的政府机构及天皇制度，还是直接由美国官员接手日本县市的行政权力，这都是战胜国要考虑的问题。

对于这些重要问题，国务院和陆海军部在发布的指令中作了详细的规定，这项指令被发给麦克阿瑟将军，并得到了他的大力支持。指令宣布，日本的行政管理和重建将由他们自己负责。“在不违反美利坚合众国最初目的的情况下，保留日本的政府机构包括天皇，他们可以就内政行使正常的行政权力，最高司令官麦克阿瑟将军将通过他们实现对日本的管理。”这就是说，麦克阿瑟将军对日本的管理，与盟国对德国和意大利的管理截然不同。日本官员是司令部的主要组成部分，司令部的主要任务是明确日本政府的发展目标，它并不直接参与对日本国民和市民的管理，而是与日本政府交流。日本大臣可以提出辞职，要是他认为司令部制定的目标实现不了的话，或者司令部也可以从他的建议出发，作出一些修改。

对美国来说，尽管这种管理形式颇为大胆，但是它却是最有益于美国的政策。就像希尔德林将军说的那样："我们能从直接利用日本政府上获得最大的好处。日本的人口多达7000万，语言、风俗习惯、生活态度与我们截然不同，这样做避免了很多的麻烦。并且对日本政府的修整和重新利用，会让我们的管理减少大量时间、人力、物力。也就是说，我们的做法是让日本人自己管理他们的国家，我们只是提供一些指导意见。"

但是，在这项指令开始起草时很多美国人都担心日本人会抗议这种政策。他们认为像日本这样充满仇恨、热衷复仇的民族不会接受任何和平计划，他们也许会反抗，采取敌对态度。当然这些担心已经被事实击碎。日本接受和平的原因根源于他们独特的文化传统，这在其他任何一个战败民族以及他们的社会伦理中都不存在。像日本这样顺从地接受改造计划的行为，不会出现于其他任何民族。日本人认为这样的措施能够在失败的基础上清除掉屈辱，有利于他们接受新的政策，他们能够平静接受的原因在于他们独特的文化所造就的不一般的性格特征。

对于采取何种态度以达成与日本的和平，美国人曾左右徘徊于严厉和宽容之间。我们并不打算在二者中择一实行，严厉的程度是否足够才是我们考虑最多的。我们要让它处于一处合适的程度，能够彻底清除日本侵略成性的旧模式，并为其确定新的发展方向。对于不同的国家，我们要根据他们的国民性格和风俗传统来确定统治的手段。在德国，家庭和个人普遍接受了普鲁士式的专制主义统治，因此，和谈条件就要根据这些来确立。理智的人是不会将德国的媾和条款直接挪用到日本的。不同于日本，德国人并不认可自己对社会和祖先有任何亏欠，他们奋斗的目的是不愿白白牺牲，而并非偿还债务和报答恩情。父亲在德国人眼中跟其他拥有显赫地位的人一样，是“压迫使人们尊敬他”的人，他会惊惶于失去人们的尊敬。德国社会普遍存在这样的情况，儿子年轻的时候对父亲表现出极度的抗议和敌对，却在成年后屈服于简单枯燥、平静如水的生活，正如他父母曾经的行为一样。对于德国人来说，青年时桀骜不驯的叛逆时期就是他们一生中最辉煌的时刻。

然而，极度专制并不是日本文化中的主要矛盾。像日本父亲对孩子的这种疼爱在西方是几乎不存在的，这是所有西方考察者所公认的。对于与父亲之间这种亲密友爱的关系，日本孩子觉得天经地义，他们不仅会在公开场合炫耀自己的父亲，还会在他发出示意的时候立即服从他的指令。但是，父亲并不会严厉地对待自己的孩子，这样做的结果就是孩子们进入青年时期不仅不会大肆对父亲表示抗议，反而顶着社会上的评判，以显著的负责任和孝顺成为家庭的代表。日本人认为他们是“出于修养”“出于练习”而尊敬父亲，在他们眼里，父亲就是等级制和懂得人情礼节的象征，值得他们尊敬。

这种态度最终成为日本社会的一种模式，它是孩子在幼年从与父亲的相处中获得的。那些备受人们尊敬的等级制高层人士，并没有乾纲独断的权力，最高等级的官员可能也不会行使实权。事实上，谋士和隐士的力量一直隐藏在背后发生作用，从天皇到平民都是如此。20世纪30年代初，一个类似黑龙会的超国粹团体领袖与东京一家英文报纸的谈话，能够明确地说明这个问题。他说：“日本社会就像一个被图钉钉住一角的三角形。”这就是说，桌子上的三角每个人都能看见，却没有人能看见图钉，三角形的左右偏离是以背后的图钉为基础的。西方人常说镜子能够反映出一切事物，这句话放在这里再合适不过了。日本人总是尽力减少专制的暴露范围，并使每一个行动看上去都是效忠于那个最高地位的人，尽管这个人根本没有实际权力。并且他们认为直接行使权力不符合他们的制度，人们会像对待高利贷者和暴发户那样，将其看作剥削。

日本人抗议剥削和非正义，但他们从来不是革命者，这正是因为他们是通过上述方式观察社会。日本人并不打算清除现有的社会组织，只是想要实现“复古”，即实行彻底的改革而不破坏制度本身，就像明治维新一样。这种只想回到过去的做法并不是革命者的作为。西方著述家对此有很多看法，有人建议在日本用意识形态煽动群众运动，有人过于相信日本地下势力的力量，认为他们会在战后夺取统治权，还有人坚信激进派会在选举中占据优势地位，这些观点都没有正确描述日本当下的状态。相对于此，1945 年 10 月，保守派首相男爵的组阁演说更能体现日本人的态度。他说：

全新的日本政府决定采用民主主义形态，尊重全体国民的意志……天皇的意志就是国民的意志，这是我国一向的传统，也是明治天皇宪法中所要求的，我们即将实行的民主也会以此为基础。

对美国来说，这种意义上的民主是没有价值的，但是相比于西方的意识形态，日本人显然更倾向于在这个表述的基础上来给予国民更多的自由，并给他们提供更多的保障。

不过，这并不代表日本会终止对西方民主政治体制的尝试。

但西方制度不是放之四海而皆准，这在美国已经得到了验证。普选这种制度和当选者组成的立法机关在解决问题的同时，会引发大量的新麻烦。最终，日本人会修改美国的民主精髓以适应其本国国情，来解决这些麻烦。但是这样一来，战争就会因为没有带来理想的结果而显得毫无意义。

我们不怀疑美国民主的价值，但是很明显，普选在日本的重建过程中并没有起到重要作用。日本在19世纪90年代第一次尝试的选举并没有改变日本社会的本质。莱夫凯迪奥·赫恩曾描述当时的麻烦，而它们很有可能再次出现。他是这样说的：

> 竞争导致了许多生命的丧失，但是其中并没有任何私人恩怨的成分。即便是在国会辩论中，也没有私人之间的敌对，尽管国会辩论的激烈程度常让外人感到惊讶。在他们看来，政治斗争是藩阀之间和党派之间的斗争，而不是私人之间的恩怨。那些忠于所追随藩阀或党派的人，会将新政治理解为新战争，认为这个战争是用忠诚为领导者的利益而拼杀。

农村人会在投票之前说“把脑袋洗干净等待被砍头”，这话反复出现在20世纪20年代的几次选举中，它把选举看作了特权武士对平民的侵犯。日本选举中的这些含义直到今天，也与美国截然不同，而且这也不是他们实行侵略政策的结果。

不否认他们过去政策的“失败”，并找对方向努力奋斗，才是日本重建和平国家的力量之源。日本人一向很善变，为获得“适当地位”发动战争的行为失败了，就可以立即丢掉这一政策，这完全得益于他们之前受到的训练，那些训练教给他们见机行事的能力。那些拥有绝对伦理的民族进行战争，是为了一直坚持的信念，他们在投降时认为正义已经随着失败销声匿迹，并努力在下次战争中找回“正义”，要是做不到，就会感到羞耻和罪恶。日本人却截然不同，东京的《每日新闻》早在美国人进入之前，仅仅是日本投降第五天，就在讨论战争失败及其影响的时候宣布“这全部的后果最终会促使日本重新强大起来”。对日本失败的反复强调，是这篇社论的主要内容。他们认为在武力建设的道路失败之后，日本必须坚持和平发展。《朝日新闻》作为东京的另一家显赫的报纸，也在几乎同时发文表态，认为日本近年的国际国内政策有“重大失误”，主要表现为“对军事力量的依赖性太强”，坚信“过去的错误坚持使我们在严重损失的情况下一无所获，我们必须放弃这种政策，并以全新的和平友好态度，实现国际合作”。

这种原则性的改变，遭到了西方人的质疑。然而，它正是日本人为人处世的主要方式，从人际关系到国际关系都不例外。日本人没有固执坚持的习惯，他们认为采取的措施不能达成目标就是“犯错误”，一旦出现这种情况，他们就会立即放弃这个错误的方针。“噬脐莫及”这句话经常出现在他们口中。武力获得的尊敬是20世纪30年代军国主义最常采用的办法，日本人放弃了一切以服从于这一指导思想。天皇在日本有着无可比拟的崇高地位，但是当他在1945年8月14日宣布战败后，日本人承担了战败的一切后果。他们不仅对美军的进驻表示欢迎，还动手起草宪法，规定要放弃战争。日本的《读卖报知》报纸在日本投降后10天发表社论。这篇题为《新艺术与新文化的起步》的社论写道：“我们的信念是军事失败不仅不会影响国家的文化价值，还将发挥影响成为事情的转机……这样做的原因是使日本国民从这种惨痛的失败中获得教训，从而真正地面对世界，看清事物的真实面貌。我们必须用坦白直率的分析清除掉从前那些歪曲抹黑日本的不理智因素……我们要勇于面对现实，正视失败，但与此同时也要保持信心，相信日本文化的明天会更好。”从这段话中，我们可以看出来，日本人在一种行动方针失败后，会立即尝试新的和平方式。“日本有资格得到各个国家尊重”的口号在日本各家报社都得到再三强调，日本人认为他们的责任就是在和平友好的基础上重获尊重。

除了知识分子，报纸上的言论还体现了东京市民和乡村百姓的心中所想，他们思想上也发生了这样的变化。曾经宣誓只剩竹枪也会坚持战斗的人，现在变得如此热情友好，这让美国占领军觉得难以置信。美国人很难接受日本伦理的许多方面，但是负责占领日本的美国军队已经明白其他国家的伦理也有值得赞许的地方，这种体会来自于他们自己的亲身体验。

美国对日管理是以麦克阿瑟将军为首的，日本人改变命运的能力之强，我们无法否认。在我们的思想中，采用一些让民族蒙羞的手段去阻止美军的进驻并非不能理解，但是，日本人却没有这么做。为了让犯错的人意识到自己的罪恶，可以采用羞辱和刑罚的手段，这在我们的伦理中是无可厚非的，此外，我们还坚信做人首先要学会认错。但是，日本人显然有别的理解。他们认为个人应该对自己行为的后果负全部责任，这种失败的后果足以对他产生警醒的作用，避免他犯同样的错误。即便这错误的后果是战争的全线溃败，也同样如此。日本人憎恨屈辱，却并不仇视失败带来的必然后果。在他们看来，诽谤、嘲笑、侮辱、轻蔑和披露丑行才是个人或者国家对其他个人或者国家的侮辱，一旦遇到这样的情况，他们会不择手段地选择复仇。虽然这种信条遭到西方人的极端抗议，但是美国在这一点上慎重与否，仍将直接决定美国对日本占领的结果好坏。原因在于，日本人的“必然后果”中只有投降时确立的非军事化和承担赔偿的义务等，这与激怒人们的嘲笑有着严格的区别。

日本曾经也战胜过别的国家，要是敌国投降时，日本人认为自己的国家并未受到侮辱，便会表现得小心翼翼，尽量避免使敌人感到被侮辱。俄军1905年在旅顺口投降的照片在日本人尽皆知。战胜者和失败者在照片上并无明显区别，只是军服不一样，而且俄国军人还佩着军刀，没有被剥夺武器。关于这次投降，在日本有着广为人知的传说，日本在得知俄国司令斯托塞尔将军认可他们提出的和谈条件后，派遣大尉带着翻译将食物送至俄军司令部。据说当时“粮食奇缺，几乎所有的马匹都被吃掉了，只剩斯托塞尔将军的战马存活于世。日本人带来了50只鸡和100个鸡蛋，这让俄国军人感激不已”。第二天，斯托塞尔将军和乃木将军会晤了，“两位将军握手寒暄，斯托塞尔对日本战士的勇敢表示了赞扬……俄国长期有序的防御也让乃木将军欣赏，对于乃木将军死于此战的两个儿子，斯托塞尔将军表示了遗憾和同情……乃木将军获得了斯托塞尔将军赠送的白色阿拉伯种战马，他对此表示感谢，但依然决定先将战马献给天皇，要是天皇将马下赐给他的话，他承诺一定悉心照料这匹意义重大的马。”而乃木将军在他的府邸为斯托塞尔将军的战马修建的马厩更是众所周知，那马厩非常讲究和精致，甚至连乃木将军自己的房子都比不上，乃木将军死后，马厩成为乃木神社的一部分。

众所周知的是日本在占领菲律宾的几年内曾大肆破坏，并实行残忍的虐待，有观点据此认为，日本人的性格在他们接受俄国投降至占领菲律宾的这段时间里已经发生了非常大的改变。但是，这个结论可能并不正确，因为日本这个民族会随时见风使舵地更改道德标准。还有几点客观原因，菲律宾战士在巴丹战役后只是在局部地区接受了投降，他们对日本的敌对和反抗一直持续，甚至接受投降的时候，日本还在处理菲律宾士兵带来的麻烦。此外，对于日俄战争来说，这个过程并没有让日本人觉得遭到侮辱。作为对《排日移民法》以及美国对《朴次茅斯合约》和《海军裁军条约》施加影响的反应，几乎每个日本人在20世纪20年代及30年代都感觉到了美国的轻视，他们认为美国人根本没有将日本人放在眼里。其他一些让日本人产生这种感觉的事情还包括美国势力在远东的急速扩张和美国人对有色人种的歧视。日本人的性格在这两场战争中得到了鲜明的反映，战胜俄国的时候，他们没有遭到侮辱，因而表现和善，而战胜菲律宾的美军时则因遭到了侮辱而残暴无礼。

日本人对美战争遭到了失败，他们立即抛弃了之前的政策，事实上，正是他们富有特色的伦理才让他们放弃了之前的恩怨。他们并没有因为美国的占领政策和麦克阿瑟将军的管理而感到被侮辱，在他们看来，这是战争失败要承担的“必然结果”，这种方式获得了良好成效。

美国并没有废除日本的天皇制度，这一点意义重大。而让西方人难以想象的是，在麦克阿瑟将军拜访天皇之前，天皇就前来访问麦克阿瑟将军，这一举动对于日本民众的影响之大难以预计。天皇曾在被要求发布告否认自己的神性时表示反对，他坚称自己在日本人眼中并不像西方神话中的神，从来就不具备神性，根本谈不上抛弃的问题。但是西方人并不理解这一点，他们对天皇神性的误解可能将影响日本在国际上的名声，在得到麦克阿瑟司令部的这种劝告后，天皇艰难地接受了这个观点，决定发声明证明自己并不是神。他在元旦时履行了自己的承诺，并阅读了全球报刊对此事的评论，这让他很满意，曾专门致函麦克阿瑟司令部传达他的感受。天皇乐于否认自己的神性，这简直超出了外国人的想象。

日本人还在一定程度上得益于美国的政策。美国国务院及陆海军部的联合指令上写明“鼓励建立在民主基础上的工业和农业等劳工团体”，这不仅使日本的产业工人建立了自己的组织，曾活跃于20世纪20年代及30年代的农民组织也再现活力。通过这次战争，日本人也有所收获，他们学会了加强主观努力以提升自己的生活环境。曾有美国记者报道，东京的罢工者面露喜悦地告诉美国士兵，日本并没有失败。历史上日本的农民举行起义并不是出于阶级斗争的需要，也不是破坏旧制度的打算，他们不满只是因为无力承担沉重的年贡和赋役，它们已经成为农业生产的阻力。这种情况跟今天日本的罢工有很多相似之处，不同之处只是在于现在的罢工并不会耽误工业生产。日本的罢工者经常让工人“在被占领的工厂里面努力工作，使产量增加，让经营者感到羞耻。一家三井所属煤矿的管理人员被全数赶走，工人宣布罢工，并将日产量提升到了620吨，要知道此前日产煤矿不过250吨。除此之外，足尾铜矿的工人也采取了同样的办法，他们通过增加产量的办法将自己的工资翻了一番”。

但是战败国的行政不会因为美国统治政策的和善而发生根本性的好转。粮食、住宅以及国民教育在日本仍是难以解决的问题，要是没有日本官员的调和，这些问题会存在更多的冲突。事实上，美国早在战争结束之前就开始为日本军队的复员问题发愁，日本官员的管理对此稍有缓解，尽管如此，解决这一问题仍然困难重重。日本报纸在1945年秋天曾表示国家知道战争失败对于辛苦作战的士兵有多么难以接受，但是仍然希望能够劝服士兵们避免因此心灰意冷，走入歧途。大多数军人都听从了劝告，对形势作了正确的判断，但是仍有为数不多的军人对他们的身份和地位感到愤怒，转而加入国家主义的秘密组织。对他们来说，特权地位已经被剥夺，他们不再享受那些优待。伤残军人穿着白色衣服接受人们的尊敬，群众欢送新兵入伍，对退伍军人表示崇拜，人们以佳宴稀珍、美女歌舞款待，这些统统都消失殆尽。现在的复员军人除了家属提供的住所，不会获得任何特别的待遇，还会在许多城镇遭受白眼。这种突然之间的变化让日本军人无所适从，他们感到痛苦，对曾经为名誉而战的时光无比怀念，与旧日战友的聚会成了他们唯一的乐趣。这些战友中或许有人劝他不要绝望，毕竟他们还有人在爪哇、山西以及满洲奋力作战，他们要做的就是重新加入战斗。这种国家主义的秘密组织存在的时间非常久远，旨在洗雪日本所受的侮辱。它们吸收的成员都是那些志在复仇的人，他们因为心愿未了，总觉得“世界不公平”。日本政府不仅要抑制使用暴力的团体黑龙会和玄洋社等团体的发展，还要尽量减少对“名分”的重视，而强调对“义务”的履行。

仅靠“判断”是无法完成这个目标的。重建日本经济显得十分必要，日本政府除了要让二三十岁的人各司其职外，还要解决农民的问题。日本人在遭遇经济困难的时候，回到故乡农村是最好的选择。然而，那里大多土地面积狭小，债务又颇为繁重，养活过多人口显得不切实际。此外，工业的发展也亟待恢复。长子继承遗产的传统没有改变，许多人不愿意将遗产平分，这样一来，家族里面年纪次于长子的除了去城市谋生，别无他法。

等待日本的是漫长的重建道路，事实上，他们可以通过减少军备预算来提高人民生活水平。在偷袭珍珠港之前大约10年的时间里，日本用于军备的财力高达国民收入的1/2。日本要是想建立健全的经济基础，必须削减甚至停止这类支出，还应该减轻农民的租税。同样是生产大米的国度，缅甸和暹罗的耕种者可以享有自己作物的90%，而日本的耕种者要交的赋税高达40%，他们自己留下的仅占60%，这些作物以及税金是日本政府大肆扩张军备的主要财力来源。

相对于那些需要加强军事防守的国家来说，完全不考虑军备问题的欧洲或者亚洲国家显然更有优势，它们可以将财富集中用于发展经济。此前，我们实行的国际政策并未关注欧洲和亚洲的这个问题，那是因为我们没有进行战争，我们坚信国家不会由于军费支出过大而陷入困境。在我们这个工业生产过剩的国家，农业并没有占据首要地位。对于我们来说，工业生产和各项机械设备已经臻至完善，继续扩展军备、生产奢侈品、发展社会福利事业和进行各项研究，只是为了保证提供足够的就业岗位。大量闲置资本亟须找到投资的机会，以获取更多利益。但是，没有一个国家像美国这样做，欧洲的情况也不尽相同。德国被剥夺了武装的权利，它在10年内就能重建繁荣的经济，尽管担负着战争赔偿的压力。法国要想恢复经济的活力，必须放弃扩展军备的计划。中国目前正在极力加强军事力量的建设，虽然有美国的支持，但是无须考虑军备的日本一定会利用这个优势超越中国。日本要是不将军事化作为目标，经济的活力将迅速恢复并更加昌盛，最终会在东方贸易中占据举足轻重的地位。它将立足于这种以和平为基础的经济，并致力于改善人民的生活水平。世界各国会给予和平的日本以足够的尊重，日本会受益良多，要是美国愿意对此全力支持的话。

任何一个国家都不能以行政命令的方式重建一个自由民主的日本，美国同样做不到。这种方法在其他被统治的国家中从来没有获得成功，外国人的命令对于那些被统治民族根本不奏效，因为他们不会服从这个在习惯和观念上与他们截然不同的异族人。

法律对于很多事情是无能为力的，例如让日本人承认当选者的权威，让他们忽视等级制中个人的职责，以及赋予他们轻松自如的人际关系，争取自立，自主选择配偶、职业、住所和主动承担各类义务等，后者常常是美国人的行为。然而，日本人已经意识到这正是他们需要大力发展的方向。公职人员在日本投降后曾表示，日本应该支持公民遵从自己的内心，自主选择自己的生活。他们没有明说，但是这样的信念已经广泛地被人们接受，“耻”在社会中的作用遭到人们的再三质疑，他们期待着公民获得更多的自由，不再指责社会的过失，深究社会的责任。

它的原因在于，社会压力过于苛责个人，尽管人们已经最大限度地承认和接受。人们被迫以家庭、组织或者国家的身份参与社会，代价是对个人感情的压制和对欲望的漠视。日本人认为他们可以以自身修养来为这一政策服务，但是背负的责任是如此之重，他们为了追求幸福，不得不最大限度地克制自己。这种高压的生活让他们失去了挣脱的勇气，最终被军国主义者利用，走上了另外一条道路，这条路不仅漫长，还要求更多的牺牲。他们为此付出了沉重的代价，但是这样的付出反而让他们感到得意，并看不起那些以宽容为伦理基础的民族。

承认侵略战争是“错误”的并接受它的失败，是日本人为改革作出的第一个重大改变。他们期盼实现世界和平，以获得和平国家的尊重。不可否认的是，要是俄国和美国在战后大肆扩军备战的话，日本很有可能以自己的经验参与其中，但是我们不应据此认为日本没有可能成为和平国家。日本这个民族擅长见机行事，它会借机发展以获取世界地位，要是不成功的话，也很有可能投入武装阵营的怀抱。

对于日本人来说，军国主义已经是过去。但是他们还是会随时关注世界其他地区的情况，要是军国主义在别的国家尚能存活，他们好战的本性很有可能再次显现，并跃跃欲试。要是军国主义在全球都遭到了彻底失败，日本人就会表现得服服帖帖，不将侵略当作实现荣誉的途径。